와! 박각시다

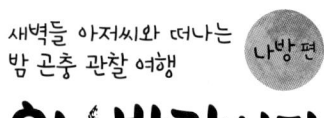

새벽들 아저씨와 떠나는
밤 곤충 관찰 여행 **나방편**

와! 박각시다

초판 1쇄 발행일 2018년 9월 28일
초판 2쇄 발행일 2019년 4월 25일

지은이 손윤한
펴낸이 이원중

펴낸곳 지성사
출판등록일 1993년 12월 9일 **등록번호** 제10-916호
주소 (03458) 서울시 은평구 진흥로 68 정안빌딩 2층 북측(녹번동 162-34)
전화 (02) 335-5494 **팩스** (02) 335-5496
홈페이지 www.jisungsa.co.kr **이메일** jisungsa@hanmail.net

ⓒ 손윤한, 2018

ISBN 978-89-7889-402-9 (74470)
ISBN 978-89-7889-401-2 (세트)

잘못된 책은 바꾸어드립니다. 책값은 뒤표지에 있습니다.

「이 도서의 국립중앙도서관 출판예정도서목록(CIP)은 서지정보유통지원시스템 홈페이지(http://seoji.nl.go.kr)와
자료공동목록시스템(http://www.nl.go.kr/kolisnet)에서 이용하실 수 있습니다. (CIP제어번호:CIP2018029735)」

⚠ 주의 사항: 책장에 손을 베이지 않게, 책 모서리에 다치지 않게 주의하세요.

새벽들 아저씨와 떠나는
밤 곤충 관찰 여행
와! 박각시다

나방 편

글과 사진 • 손윤한

지성사

일러두기

1. 여기에 실린 나방과 나비는 대부분 밤에 만난 친구들이지만, 필요한 부분을 설명하기 위해 낮에 만난 친구들도 같이 소개했어요.

2. 같은 종류끼리 묶어서 소개했어요. 예를 들면 박각시는 박각시들끼리, 재주나방은 재주나방들끼리, 자나방은 자나방들끼리 하는 식으로요. 같이 알아두면 좋기도 하고, 나중에 다시 찾아보기도 편할 거예요.

3. 밤 곤충은 먼저 곤충들을 불러들이는 작업으로 관찰 텐트나 등화 천을 설치하고 밝은 빛을 비춰야 하지요. 이 작업을 끝낸 뒤에 곤충이 모일 때까지 주변을 살펴보며 관찰했어요. 사진에서 바탕이 하얀색이거나 그물망처럼 보이는 배경은 등화 장치에 모인 곤충들이고, 자연이 배경인 곤충들은 밤 숲을 다니면서 관찰한 거예요.

4. 밤 숲에서 만나는 곤충은 맨손으로 함부로 만지면 안 돼요. 우리가 모르는 성분을 가진 나방이나 애벌레도 있거든요. 특히 쐐기나방 애벌레나 불나방·독나방 애벌레는 조심해야 해요. 그리고 눈으로 관찰하는 것도 좋지만 필요할 땐 꼭 채집통이나 관찰통에 넣고 보도록 해요.

5. 밤 곤충을 관찰하려면 몇 가지 준비가 필요해요.

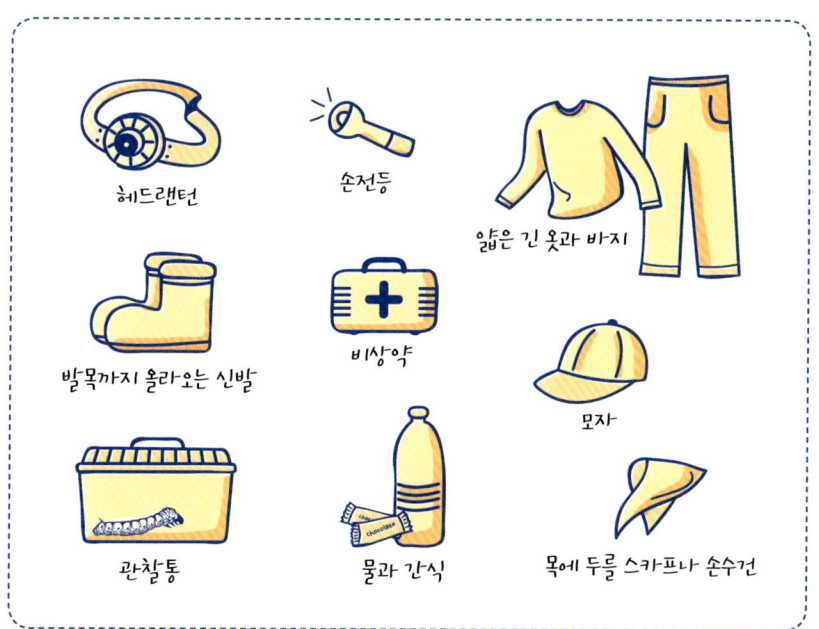

들어가는 글

명(明)!

제가 좋아하는 한자예요. 명(明) 자는 해[日]와 달[月]을 합쳐서 만든 글자죠. 해의 밝음과 달의 밝음을 동시에 봐야만 밝음[明]을 이해할 수 있다는 뜻인 것 같아요.

생태계를 보는 시각도 이와 비슷하다고 생각해요. 자연에 관심을 갖기 시작했을 땐 주로 낮에 산이나 들로 다니면서 생물을 관찰했지요. 그러다가 어느 날 문득 호기심이 드는 거예요.

'푸른 하늘을 날아다니는 저 예쁜 잠자리들은 어렸을 땐 어떤 모습일까? 밤에는 어디서 뭘 할까?'

이런 호기심에서 비롯된 저의 생태 여행은 물속으로, 그리고 밤으로 이어졌어요. 물속 생물 관찰 여행은 《와, 물맴이다》에서 소개했지요.

생태계를 '명(明)'의 눈으로 보고 싶어졌어요. 그렇게 시작된 또 다른 관찰 여행.

밤으로의 생물 관찰 여행은 새로운 세계였어요. 낮에 보지 못했던 수많은 자연 친구들을 만날 수 있었지요. 화려한 나방들 그리고 더듬이가 긴 베짱이들과 멋진 딱정벌레들, 일일이 다 설명할 수 없을 정도로 많은 자연 친구들을 만나서 행복했어요. 그리고 낮에 봤던 친구들이 밤에는 전혀 다른 모습을 보여주어 더 신기했지요.

이렇게 몇 년 동안 밤 숲을 다니다 보니 제가 만난 친구들을 소개해야겠다는 생각이 들었어요. 그래서 여기에 작은 결과물을 부끄럽지만 조심스럽게 내놓아요. 제가 만난 밤 생태계의 멋지고 아름다움이 조금이라도 전달되었으면 좋겠어요. 먼저 나방

을 소개할 생각이에요.

당당하고 멋진 박각시들, 화려한 불나방들, 작고 예쁜 명나방들, 이름도 생김새도 가지가지인 가지나방과 자나방들.

초록색, 분홍색, 노란색, 하얀색, 주홍색, 갈색 나방…….

줄무늬 나방, 동그란 무늬 나방, 알파벳 무늬 나방, 얼룩무늬 나방, 그물무늬 나방…….

그리고 그들의 어린 시절인 애벌레들…….

뾰족뾰족 가시 애벌레, 털털털 털북숭이 애벌레, 척척척 몸을 접는 애벌레, 꿈틀꿈틀 몸을 흔드는 애벌레, 엉덩이에 뿔 달린 애벌레…….

모두 모두 밤 숲에서 만난 친구들이에요. 이들과 지낸 지난 몇 년 동안의 소중한 기록을 소개할 수 있어서 기뻐요. 이 책을 읽는 친구들도 저처럼 밤 숲의 매력에 흠뻑 빠지는 계기가 되었으면 좋겠어요.

명(明)!

해와 달의 밝음을 같이 알아야 하듯이, 숲의 낮과 밤을 동시에 이해하여 생태계뿐만 아니라 삶에도 명(明)한 친구들이 되었으면 좋겠어요.

다래울 작업실에서 새벽들 씀

등장인물

 **새벽들 아저씨** 다래울이라는 작은 마을에 1인 생태연구소 〈흐름〉에서 곤충과 거미를 직접 키우기도 하고 아이들과 함께 산과 들로 생태 관찰을 하러 다니는 것이 여전히 신나고 재미있습니다. 게다가 우리 동네로 이사 온 영서, 영서 친구 진욱과 함께 7일 동안 다닌 거미와 그 뒤로 물속 생물 관찰 기록을 정리하여 책으로《와! 거미다》,《와! 물맴이다》를 펴냈지요. 밤의 숲 생태를 관찰하기 위해 캠핑장 통나무집에서 머물던 어느 날 밤, 영서와 진욱이가 불쑥 찾아왔네요. 어찌나 놀라고 반갑던지요.

영서 다래울 마을로 이사 와서 새벽들 아저씨를 만나 아저씨와 함께 7일 동안 거미 관찰 여행과 물속 생물 관찰 여행은 정말 잊지 못할 소중한 경험이었어요. 여행이 끝난 뒤 아저씨는 밤의 숲 생태를 관찰하신다며 당분간 만나기 힘들 거라 하셨지요. 아저씨를 만나지 못해 아쉽지만, 진욱이와 나는 '둠벙 둠벙' 탐사를 하며 나름 즐거운 시간을 보냈어요. 푹푹 찌는 여름날, 더위를 피해 진욱이네 가족과 함께 캠핑장에 놀러갔지요. 이리저리 둘러보는데 몇몇 아이들이 캠핑장 맨 위 통나무집에서 밤마다 이상한 일이 벌어진다며 수군거리더라고요.

진욱 영서와 같은 유치원에 다닌 단짝 친구예요. 다래울로 이사 간 영서 덕분에 재미있고 유쾌한 새벽들 아저씨를 만난 건 내겐 행운이었어요. 아저씨와 영서와 함께한 거미와 물속 생물 관찰 여행으로 자연 생태계의 생명에 대한 신비함과 소중함을 알게 되었어요. 새벽들 아저씨가 또 다른 연구 과제로 바쁘셔서 한동안 만나지 못해 아쉬웠어요. 영서네 가족과 캠핑장에 도착한 어느 날, 통나무집에서 밤만 되면 어떤 아저씨가 하얀 침대보 같은 걸 쳐 놓고 뭔가를 한다는 얘기에 귀가 솔깃해졌어요. 혹시?!

차례

일러두기 ··· 4
들어가는 글 ··· 6
등장인물 ··· 8

만남 : 여름 캠핑장에서 🐛 10

새벽들 아저씨와 밤 숲으로 🐛 18

캠핑장의 나방들! 🐛 60

예쁜 나방 찾으러 밤 숲으로! 🐛 90

털털이와 꿈틀이 🐛 152

찾아보기 ··· 199
나방과 나비 종류 분류하기 ··· 207
참고한 자료 ··· 216

만남
― 여름 캠핑장에서 ―

밤 캠핑장

영서 진욱아, 너 그 얘기 들었니?

진욱 무슨 얘기?

영서 너 캠핑장 맨 위에 있는 통나무집 알지? 거기서 말이야, 밤이면 이상한 일이 벌어진대.

진욱 이상한 일? 뭔데?

영서 밤만 되면 웬 아저씨가 하얀 침대보 같은 것을 쳐 놓고 거기에 밝은 등을 비추고 뭔가를 한다더라. 아무래도 그 아저씨, 우리가 아는 아저씨 같지 않니?

진욱 혹시 새벽들 아저씨?

영서 역시! 산에서 그런 일을 할 사람은 새벽들 아저씨밖에 없어. 아저씨가 밤 곤충 관찰로 바쁘시다고 했는데 혹시 여기서 하는 게 아닐까? 우리 한번 가 볼래?

진욱 당연하지! 잠깐만. 그냥 가면 그러니까 우리도 좀 준비를 하자. 우선 텐트로 가서 헤드랜턴하고 이것저것 챙겨서 다시 만나자. 엄마 아빠 허락도 받아야 하니까.

야간 등화 관찰

영서 좋아. 얼른 준비하고 나와. 진짜 새벽들 아저씨면 좋겠다. 뵙고 싶었는데…….

영서 아저씨, 새벽들 아저씨! 저 영서예요!
새벽들 어, 누구? 잠깐만…… 이것 좀 마저 찍고.
진욱 여전하시네. 저 진욱이에요. 그동안 잘 지내셨어요? 많이 뵙고 싶었어요.
영서 저도요.
새벽들 누구라고? 와! 영서와 진욱이구나. 반갑다, 이런 데서 만나다니. 여긴 어쩐 일이야? 내가 여기 있는 건 어떻게 알고?
영서 엄마랑 아빠랑, 진욱이네랑 같이 캠핑 왔어요.
진욱 아저씨 얘기가 캠핑장에 자자하던데요, 뭐. 이상한 아저씨가 캠핑장 통나무집에서 밤마다 뭘 한다고요, 헤헤.
새벽들 이상한 아저씨? 하하하. 어쨌든 반갑다. 마침 잘 왔어. 안 그래도 도움이 필요했는데, 좀 도와주라. 아저씨가 이렇게 이 녀석을 손에 올려놓으면 너흰 저기로 가서 삼각대에 있는 카메라 셔터만 누르면 돼.
영서 네, 제가 할게요. 셔터만 누르면 되죠? 자, 찍어요. 찰칵~.
진욱 나방 아니에요? 얘는 왜 여기에 있어요? 진짜 이름은 뭐예요? 그런데 왜 손에 올려놓고 찍죠?

등줄박각시

새벽들 와, 진욱인 여전하구나. 역시 질문 대장이야, 하하. 이 녀석은 박각시라는 나방이란다. 정확한 이름은 등줄박각시지. 이렇게 손에 올려놓고 찍으면 녀석의 크기를 짐작할 수 있거든. 그냥 몸길이가 몇 센티미터라고 하는 것보다 이렇게 비교할 수 있는 무언가와 함께 찍으면 누구나 크기를 짐작할 수 있지.
영서 박각시요? 이름이 재밌어요. 그럼 얘는 암컷인가요? 각시는 새색시라던데요?
새벽들 맞아, 암컷이야. 하지만 각시라서 암컷

포도박각시 암컷 나방 암컷의 더듬이는 대체로 가는 실(또는 채찍) 모양이다.

긴꼬리산누에나방 수컷 더듬이가 빗살 모양이다.

알락굴벌레나방 수컷 더듬이가 빗살 모양이다.

은 아니지. 이름은 박각시이지만 암컷과 수컷이 있단다. 여기 더듬이를 보렴. 이렇게 전체가 실 모양이면 암컷이고, 더듬이가 빗살 모양이면 수컷이란다. 박각시라는 이름은 이 나방들이 주로 박꽃이 피는 밤에 나타나는데 생김새가 예뻐서 붙였다고 하지.

진욱 박각시라면…… 벌새 같은 애 아닌가요? 가끔 학교 꽃밭에 보이는 작은 나방요. 친구들이 벌새라고 해서 가 봤는데 아니더라고요. 무슨 꼬리박각시라고 했는데……. 근데 박각시가 이렇게 커요? 걔는 좀 작던데.

새벽들 진욱이가 박각시를 아는구나. 맞아, 그 녀석도 박각시야. 주로 낮에 활동하는 꼬리박각시 종류지. 밤에 활동하는 녀석들은 이렇게 몸집이 크고 색이 여러 가지야. 초록색인 녀석도 있고 분홍색이나 주홍색인 녀석도 있지. 시커먼 녀석도 있고, 멋진 회색에 띠무늬가 분홍색인 녀석도 있지. 날개에 줄무늬가 있는가 하면 물결무늬가 있기도 해.

닮은 듯 다른 박각시들!

등줄박각시 알

작은검은꼬리박각시 주로 낮에 활동한다.

검정황나꼬리박각시 낮에 활동한다.

박각시

포도박각시

애물결박각시

주홍박각시

녹색박각시

머루박각시

솔박각시

우단박각시

분홍등줄박각시

벚나무박각시

점박각시

점갈고리박각시

닥나무박각시

뱀눈박각시

줄박각시

불빛에 모인 박각시들

영서 와, 박각시가 정말 많네요! 진짜 멋져요. 밤에도 완전 멋진 곤충들이 많아요. 아저씨가 왜 밤에 다니시는지 알 것 같아요.

진욱 아저씨랑 같이 다니면 좋을 텐데…….

새벽들 너흰 캠핑장에 언제까지 있을 거야? 아저씬 여기서 며칠 더 있을 건데.

영서 저흰 내일 가요. 아, 아쉽다. 저…… 아저씨가 얘기해주면 안 돼요? 방학이라 별로 할 일도 없고, 아저씨가 저희랑 함께 있고 싶다 하시면 엄마 아빠가 허락해 주실 텐데.

진욱 저도 같이 있고 싶어요. 아저씨 말씀이라면 저희 엄마 아빠도 허락해 주실 거예요. 아저씨, 정말 같이 있고 싶어요. 네?

새벽들 마침 통나무집 방도 두 개고……. 너희만 좋다면 내가 부모님께 말씀드려 볼까? 이따 밤에 너희 텐트로 내려갈게. 이따 보자.

영서 진짜로요? 와! 신난다.

진욱 꼭 오세요. 맛있는 소시지랑 옥수수 구워 놓을게요, 헤헤.

모닥불

새벽들 아저씨와 밤 숲으로

숲에 설치한 등화 관찰용 텐트

영서 아저씨, 정말 감사해요. 아저씨 덕분에 신나는 여름방학이 될 것 같아요.

진욱 저도 감사드려요. 완전 신나요. 이번 여름방학은 진짜 멋질 거예요.

새벽들 내가 오히려 고맙지. 부모님들이 좋아하셔서 다행이다. 자, 그럼 지금부터 신나는 여름방학을 즐겨 볼까?

영서, 진욱 네!

새벽들 자, 오늘은 든든한 친구들이 있으니 숲으로 좀 들어가 볼까? 저녁 식사하기 전에 등화 관찰을 하게 천과 텐트를 설치하자. 숙소 마당에는 등화 관찰용 천을 치고 숲에는 관찰용 텐트를 치는 거야. 그리고 곤충들이 모이기 전까지 맛있는 음식을 먹고. 어때, 괜찮겠지? 그 대신 저녁은 너희가 준비하는 거다, 하하.

영서, 진욱 네, 좋아요. 저희가 완전 맛있는 음식을 차려 드릴게요, 헤헤.

새벽들 자, 이제 식사도 하고 충분히 쉬었으니 천천히 숲으로 들어가 볼까? 먼저 아까 설치한 관찰 텐트 쪽으로 갈 거야. 그리고 돌아와서 관찰 천에 모인 곤충들을 살펴볼 거고. 그럼 출발하기 전에 준비물을 챙겨볼까? 다행히 헤드랜턴이 세 개 있군. 손이 자유로우려면 머리에 쓰는 헤드랜턴이 좋거든. 그리고 작은 핀셋하고 채집통도 가지고 가자. 이번에는 채집보다는 관찰하고 사진만 찍을 거지만 혹시 모르니까. 흠, 조그마한 하얀 천도 가지고 가자. 사진 찍을 때 아주 좋지. 손목과 발목이 조이는 가볍고 긴 옷을 입고, 목에 손수건을 두르자. 나방이나 다른 곤충이 목으로 들어올지도 모르니까. 모

등화 관찰용 천

자도 쓰고. 연고나 밴드 같은 비상약도 챙기고. 자, 다 됐지? 마지막으로, 텐트 쪽으로 가면서도 밤 곤충을 관찰할 테니까 조용히, 천천히 걷는 거야. 준비됐나?

영서 네, 준비됐어요!

진욱 자, 출발!

새벽들 좋아, 출발! 다시 한 번 말하지만 숲에서는 떠들거나 장난치면 안 돼. 다치거나 쉬고 있는 숲속 생물에게 방해가 되니까, 손님처럼 예의 바르고 조심스럽게 다녀오자꾸나.

진욱 아저씨, 여기 좀 보세요. 엄청 큰 애벌레가 있어요. 꼬리에 뿔도 달려 있네요.

새벽들 오, 어제 우리가 봤던 그 박각시 애벌레구나!

영서 등줄박각시요? 와, 정말 크고 멋지게 생겼어요. 진짜 뿔이 있네요. 어라, 뿔이 앞이 아니라 엉덩이에 났어요!

새벽들 그렇지. 엉덩이, 곧 꼬리에 난 돌기가 뿔 모양이라 영어로는 'Horn(뿔) worm'(애벌레)이라고 하지.

진욱 영어 이름도 재미있네요. 그럼 어른 박각시는 뭐라고 불러요?

새벽들 매처럼 빨리 날아다닌다고 'Hawk(매) moth(나방)'라고 한단다.

영서 멋진 이름이에요. 그런데 궁금한 게 있어요. 이 애벌레는 같은 나뭇잎만 먹어요? 저쪽에도 한 마리가 있는데 무슨 나무인지는 잘 모르겠지만 같은 나무 같아요.

등줄박각시 애벌레 참나무 종류 나뭇잎을 먹는다.

새벽들 오, 관찰력이 예리한걸? 맞아, 같은 나뭇잎만 먹는단다. 이 나무는 갈참나무라고 하는데 등줄박각시 애벌레는 주로 갈참나무나 떡갈나무, 신갈나무 같은 참나무 종류 잎을 먹지.

진욱 아, 저도 그 나무 알아요. 도토리가 열리는 나무죠?

영서 어, 여기 있는 애벌레는 조금 다른 것 같아요. 꼬리에 있는 뿔도 다르고 무늬도 달라요. 자세히 보니 먹고 있는 나무도 다른걸요. 와, 무늬가 멋져요!

새벽들 어디 보자. 큰쥐박각시 애벌레구나. 나무는 누리장나무네.

영서 큰쥐박각시요?

새벽들 그래. 어른벌레 앞날개가 회색이라 그런 이름을 붙인 것 같아.

영서 아하, 쥐와 색이 비슷해서요? 멋진 박각시네요.

큰쥐박각시

큰쥐박각시 애벌레 크기를 짐작할 수 있다.

큰쥐박각시 애벌레(얼룩형)

진욱 여기 애벌레는 나무가 아니라 가느다란 풀줄기에 붙어 있어요. 몸이 날씬하고 꼬리에 난 뿔이 파란색이에요.

새벽들 작은검은꼬리박각시 애벌레란다. 어제 설명했던 낮에 활동하는 박각시 생각나니? 그 녀석과 비슷한 꼬리박각시 종류지. 먹고 있는 풀이름은 꼭두서니고.

작은검은꼬리박각시 애벌레

영서 박각시 애벌레들은 편식쟁이네요. 자기가 좋아하는 것만 먹으니까요. 이것저것 먹으면 좋을 텐데…… 왜 한 가지만 먹을까요?

새벽들 좋은 질문이구나. 한번 생각해 보자. 왜 그럴까?

진욱 음, 혹시 서로 사이좋게 살고 싶어서가 아닐까요? 이것저것 다른 식물을 먹으면 서로 싸우게 되니까요. 한 가지씩만 정해서 먹으면 서로 싸우지 않고 사이좋게 살 수 있잖아요.

새벽들 오, 멋진 대답이구나. 맞아, 아저씨도 그렇게 생각해. 하하.

영서 그럼, 먹이 식물을 찾아보면 다른 박각시 애벌레들도 만날 수 있겠네요? 또 어떤 애벌레가 있나요?

새벽들 음, 버드나무를 잘 먹는 뱀눈박각시가 있고, 또 소나무 새순을 즐겨 먹는 솔박각시도 있지. 그리고 담쟁이덩굴에서 보이는 줄박각시라는 녀석도 있고. 또 손톱에 물들이는 봉숭아 알지? 그걸 좋아하는 주홍박각시도 있단다. 하지만 녀석은 봉숭아 잎만 먹진 않아. 물봉선이나 털부처꽃 같은 식물 잎도 먹지. 그리고 칡 같은 콩과 식물을 좋아하는 콩박각시도 있어. 아, 고구마를 캘 때 땅속에서 가끔 박각시 애벌레가 나오는데 녀석의 이름은 그냥 '박각시'란다. 박각시나방의 기본종이라고 할 수 있지. 검은색형과 녹색형이 있는데 색은 달라도 모두 박각시 애벌레야.

닮은 듯 다른 박각시 애벌레들!

뱀눈박각시 애벌레

솔박각시 애벌레

박각시 애벌레(검은색형)

박각시 애벌레(녹색형)

줄박각시 애벌레(검은색형)

줄박각시 애벌레(녹색형)

주홍박각시 애벌레

검정황나꼬리박각시 애벌레

버들박각시 애벌레

콩박각시 애벌레 / 얼굴

머루박각시 애벌레(갈색형)

머루박각시 애벌레(녹색형)

영서 와, 박각시가 정말 많네요. 정신이 하나도 없어요, 후후. 그런데 이런 박각시들은 여름에만 보이나요?

새벽들 많은 박각시가 주로 여름에 활동하지만 특이하게 이른 봄에 활동하는 박각시도 있지.

영서 이른 봄에요? 어떤 박각신데요?

새벽들 대왕박각시라는 녀석인데, 이름처럼 우리나라 박각시 가운데 가장 크지. 정말 멋진 녀석이야. 신기하게 녀석은 꼭 배 끝을 위로 들고 앉는단다.

진욱 아, 저도 그런 녀석을 만난 적이 있어요! 배 끝에 멋진 장식이 있는데…… 무슨 재주나방이라고 했어요.

새벽들 꽃술재주나방을 말하는구나. 진욱이 말대로 배 끝에 꽃술 모양의 장식이 있지. 녀석은 위험하다고 생각하면 배 끝을 막 흔들어서 상대방을 위협한단다.

영서 혹시 이 나방 아니에요? 여기 바닥에 앉아 있는 나방이요. 가까이 가니까 꼬리를 막 흔들어요!

막 낳은 대왕박각시 알

1주일 후에 본 대왕박각시 알 색이 나무와 같은 붉은색으로 변했다.

알을 낳고 있는 대왕박각시

대왕박각시 애벌레

대왕박각시

새벽들 오, 맞구나! 영서가 잘 찾았네. 자, 조심해서 여기 하얀 천에다 올려놓자. 훨씬 잘 보일 거야. 이번에는 아저씨가 손가락에 올려놔 볼게. 나방이 어떤 행동을 하는지 알 수 있을 거야.

영서 와! 꼬리를 막 움직여요~. 마치 춤추는 거 같아요!

새벽들 그렇지? 춤추는 것 같기도 하고, 재주를 부리는 것 같기도 하고…….

영서 아하, 그래서 이 녀석 이름에 '재주'라는 낱말을 붙였구나! 후후.

새벽들 어른벌레도 멋있지만 애벌레도 멋져. 온몸에 나 있는 가시 같은 센털이 정말 멋지단다.

진욱 아저씨, 여기 이상한 애벌레가 있어요. 외계인처럼 생겼어요.

새벽들 오, 정말 멋진 녀석을 찾았구나. 그 녀석이 바로 재주나방 종류의 기본종인 재주나방 애벌레란다. 앞에 아무 낱말도 붙이지 않는 그냥 재주나방이지.

꽃술재주나방

꽃술재주나방 애벌레

꽃술재주나방

저렇게 독특한 자세로 있다가 뭔가 방해받는다고 생각하면 가슴에 붙은 긴 다리를 휘두르지. 정말 외계에서 온 생물처럼 생기지 않았니?

영서 네, 이상하게 생겼어요. 이런 곤충이 있다니 신기하기만 해요.

진욱 재주나방 종류 애벌레는 다 이렇게 신기하게 생겼나요?

새벽들 꼭 그렇지는 않아. 하지만 다른 나방의 애벌레보다는 좀 독특하게 생겨서 익숙해지면 재주나방 애벌레라는 걸 알 수 있어. 어떻게 생겼는지 궁금하지? 우리 이 근처에서 좀 더 찾아볼까?

영서 애벌레만큼 어른벌레도 독특하게 생겼나요? 궁금해요.

새벽들 꽃술재주나방처럼 생김새가 독특하거나 먹무늬재주나방처럼 색이 독특하기도 하지. 모두 다르게 생겼지만 자꾸 보다 보면 재주나방의 특징을 알 수 있을 거야.

닮은 듯 다른 재주나방 애벌레들!

재주나방 애벌레

먹무늬재주나방 어린 애벌레

먹무늬재주나방 애벌레

푸른곱추재주나방 애벌레

연갈색재주나방 애벌레

겹날개재주나방 애벌레

버들재주나방 애벌레

팔자머리재주나방 애벌레

곧은줄재주나방 애벌레

점줄재주나방 애벌레

곱추재주나방 애벌레

밤나무재주나방 애벌레

박쥐재주나방 애벌레

세은무늬재주나방 애벌레

벚나무재주나방 애벌레

배얼룩재주나방 애벌레의 허물벗기

닮은 듯 다른 재주나방들!

먹무늬재주나방

버들재주나방

갈고리재주나방

은무늬재주나방

주름재주나방

큰은무늬재주나방

긴띠재주나방

주름재주나방 짝짓기

곧은줄재주나방   옹이재주나방   겹날개재주나방

때죽나무재주나방   삼봉재주나방   꼬마버들재주나방

푸른곱추재주나방   곱추재주나방

푸른곱추재주나방 옆모습   푸른곱추재주나방(왼쪽), 곱추재주나방(오른쪽) 비교

끝흰재주나방　　　　　　　　　　　애기재주나방

검은띠나무결재주나방　　　배얼룩재주나방　　　　참나무재주나방

뒷검은재주나방　　　　먹무늬은재주나방　　　　박쥐재주나방

밤나무재주나방　　　　　회색재주나방　　　　　점줄재주나방

줄재주나방

흰그물재주나방

흰무늬재주나방

검은줄재주나방

애기린재주나방

은재주나방

남방섬재주나방

밑노랑재주나방

세은무늬재주나방

진욱 아저씨, 저기 엄청 멋있는 나방이 있어요. 날개에 있는 무늬를 보니까 태극나방 같아요. 저기 저 나뭇가지에요. 이쪽으로 와 보세요.

새벽들 오, 태극나방이 맞구나. 진욱이가 멋진 나방을 찾았네. 태극나방도 멋있지만, 태극나방 중에서 가장 큰 왕흰줄태극나방도 멋지지. 물론 흰줄태극나방도 멋지고. 자세히 보면 조금씩 다르다는 걸 알겠지만, 모두 앞날개에 태극 무늬가 있는 게 특징이야.

영서 으~ 아저씨, 저기 똥 위에…… 개똥 같은데 저기 똥에 나방이 한 마리 앉아 있어요. 예쁘게 생긴 나방인데 똥에서 뭘 하는 건가요?

새벽들 뭘 하긴, 똥을 빨아먹고 있는 거지.

영서 네? 나방이 똥도 먹어요? 전 꽃에서 꿀을 빨거나 물을 빨아먹는 건 봤는데, 똥도 먹어요? 으~ 더러워.

새벽들 똥에는 꽃에 없는 다양한 양분이 들어 있어. 특히 모든 동물에게 필요한 소금기, 즉

태극나방   태극나방 아랫면

왕흰줄태극나방   흰줄태극나방

염분이 있지. 나방도 염분이 필요하거든. 우리가 더럽다고 생각하는 똥이 나방에게는 훌륭한 양분이야. 지금 똥을 맛있게 빨아먹고 있는 나방은 무궁화밤나방이야. 어때, 예쁘지?

영서 예쁘기는 한데……. 맞아요, 어렸을 때 읽었던 《강아지 똥》이라는 책에 똥이 예쁜 민들레를 피웠다고 했어요. 생각해 보니 똥은 더러운 게 아니에요.

새벽들 영서가 좋은 깨달음을 얻었구나, 하하.

진욱 그런데 왜 이름이 '밤나방'이에요? 밤에 활동해서 그런가요?

새벽들 그렇지. 주로 밤에 활동하는 나방이라서 붙인 이름이란다. 방금 전에 봤던 태극나방도 밤나방과야. 하지만 밤나방들만 밤에 활동하는 건 아니지. 나방 대부분이 밤에 활동해. 그리고 꼬리박각시나 깜둥이창나방처럼 낮에 활동하는 나방도 있고. 밤나방을 영어로는 올빼미처럼 밤에 활동한다고 해서 'Owlet(올빼미) moth(나방)'라고 하지.

영서 우와, 드디어 다 왔네요. 곤충들이 정말 많이 모였어요. 와, 박각시다! 여기 엄청 큰 박각시가 있어요!

새벽들 박각시와 크기는 비슷하지만 다른 나방이야. 왕물결나방이라고 하지. 애벌레가 쥐똥나무를 즐겨 먹어서 별명이 쥐똥나방인 큰 나방이란다. 날개에 독특하게 물결무늬가 있어 다른 나방과 쉽게 구별이 돼.

무궁화밤나방

깜둥이창나방 낮에 활동하는 나방이다.

왕물결나방

진욱 그런데 왜 수컷만 모여 있어요? 더듬이를 보니까 모두 빗살 모양이에요. 암컷은 없나 봐요.

새벽들 그렇구나. 더듬이가 모두 빗살 모양인 걸? 그런데 모든 나방의 암수 더듬이 모양이 다른 건 아니야. 자연에는 완전 100퍼센트란 없거든. 독특하게도 왕물결나방은 암컷과 수컷 모두 더듬이가 빗살 모양이란다.

영서 여기 있는 큰 나방은 날개에 예쁜 동그란 무늬가 있어요. 날개를 펴니까 박쥐처럼 보이고 정말 커요. 어, 같은 녀석들이 눈에 띄는데, 저 녀석과 요 녀석 더듬이가 다른데요? 이 큰 나방들은 암수 더듬이가 다른 거네요. 수컷이 더 많아요. 정말 멋지게 생겼어요.

새벽들 참나무산누에나방이라는 나방이지. 애벌레가 주로 참나무 종류를 먹는 산누에나방과라서 붙인 이름이야. 영서 말대로 날개에 예쁜 동그란 무늬가 눈에 확 띄는구나. 밤에도 불을 켜 놓는 캠핑장 화장실이나 샤워장에서 자주 보이는 녀석이야. 날개가 노란색도 있고 갈색도 있지. 예전에 암컷이 캠핑장 설거지대 벽에 알을 낳는 걸 보기도 했어.

진욱 누에나방이면 고치를 만드는 그 누에나방에다가 산에서 산다는 뜻인가요?

영서 그런데 누에가 무슨 뜻이에요? 많이 듣기는 했는데 갑자기 궁금해요.

새벽들 오, 관심이 많으니까 질문도 많아지는

구나, 하하. 누에라는 낱말은 '눕다'라는 낱말에서 따왔어. 애벌레가 누워 있는 모양이라 누에나방이라고 했지. 그리고 '산'은 장소이기도 하지만 '크다'라는 뜻도 있지. 그러니까 산누에나방은 누워 있는 애벌레의 나방 중에서 큰 나방이라는 뜻이 숨어 있어. 영어 이름으로는 산누에나방을 아주 크다는 뜻으로 '황제(Emperor) 나방(moth)'이라고 하지.

영서 여기 있는 나방은 비슷하면서도 좀 다르게 생겼어요. 이 나방도 참나무산누에나방인가요?

새벽들 어디 보자. 아저씨가 잠깐 손에 올려 볼게. 어때, 잘 보이니? 날개에 있는 무늬가 조금 다르지? 이 녀석은 밤나무산누에나방이라고 하는데 더듬이를 보니까 수컷이구나. 더듬이가 멋지네.

영서 밤나무산누에나방이요? 그러면 애벌레가 밤나무를 먹나 봐요.

참나무산누에나방 수컷

참나무산누에나방 암컷

참나무산누에나방의 크기를 짐작할 수 있다.

알을 낳고 있는 참나무산누에나방 암컷

참나무산누에나방 알

새벽들 맞아. 주로 밤나무를 먹지만 상수리나무나 갈참나무도 먹지. 이 녀석은 크기도 크기지만 고치가 아주 독특하기로 유명하단다. 잘 찾아보면 어디 빈 고치가 붙어 있을 거야.

진욱 혹시 이거 아니에요? 아까 오다가 주웠거든요.

새벽들 오, 맞아. 그거야. 그 고치 모양 때문에 예전엔 이 나방을 어스렝이나방이라고 불렀지.

영서 어스렝이요? 처음 들어 보는 말이에요. 무슨 뜻인데요?

새벽들 어스렝이란 경기도 남부 사투리 '어렝이'로 '얼멍얼멍하다'는 뜻이야. 고치가 보통 누에나방처럼 속이 보이지 않게 촘촘하지 않고 구멍이 숭숭 뚫린 그물처럼 보여 붙인 이름 같아. 알로 겨울을 나기 때문에 가을에 밤나무나 가래나무 같은 나무줄기에 알을 많이 볼 수 있단다.

진욱 아저씨, 이쪽으로 와 보세요. 여기 예쁘게

밤나무산누에나방 수컷

밤나무산누에나방 수컷 더듬이

밤나무산누에나방 고치

밤나무산누에나방 번데기

짝짓기하는 밤나무산누에나방

밤나무에 낳은 밤나무산누에나방 알

가래나무에 낳은 밤나무산누에나방 알

생긴 애벌레가 한 마리 있어요. 빨리 와 보세요.

새벽들 어디…… 오, 산누에나방 애벌레구나. 녀석은 긴꼬리산누에나방 애벌레란다. 어른벌레는 아주 아름다운 옥색이지.

영서 옥색이요? 빨리 보고 싶어요. 이 근처에 있을까요?

새벽들 글쎄다. 아저씨는 올해 5월에 산에서 막 날개돋이를 끝낸 옥색긴꼬리산누에나방을 봤지. 긴꼬리산누에나방과 아주 비슷하게 생겼단다. 정말 환상적이었어. 한번 보면 절대로 잊지 못할 그런 색이야.

영서 와, 아저씨 또 감성 폭발하신다. 저러실 땐 꼭 아줌마라니까, 헤헤.

새벽들 하하, 7월에도 보이는 걸로 봐선 1년에 두 번 날개돋이를 하지 않을까 싶어.

5월에 본 옥색긴꼬리산누에나방

7월에 본 옥색긴꼬리산누에나방

긴꼬리산누에나방 애벌레

여름 캠핑장에 날아 든 긴꼬리산누에나방

진욱 산누에나방들이 아주 멋져요. 또 다른 산누에나방들도 있나요?

새벽들 그럼. 주로 5, 6월경에 보이는 네눈박이산누에나방은 이름처럼 날개에 동그란 눈알 무늬가 네 개 있지. 참나무산누에나방보다 작지만 무늬가 화려한 작은산누에나방도 있고, 산누에나방과는 아니지만 반달누에나방이라는 나방도 있어. 주로 어른벌레가 봄에 보이는데 이 녀석도 독특한 고치를 만들기로 유명하지.

진욱 여기에 있는 나방은 날개가 좀 다르게 생겼어요. 끝이 휘어진 것이 아주 멋져요.

새벽들 어디 보자, 멧누에나방이구나. 옆에 있는 건 물결멧누에나방이고. 모두 누에나방과에 속하는 나방이야.

영서 와, 누에나방도 이렇게 많군요. 너무 많이 보니까 정신이 하나도 없어요. 전 나방이 이렇게 예쁘게 생겼는지 몰랐어요. 종류가 이렇게 많은지도 처음 알았고요.

네눈박이산누에나방 　　작은산누에나방

멧누에나방 　　멧누에나방 애벌레 　　물결멧누에나방

반달누에나방   밤에 본 반달누에나방

반달누에나방 고치   반달누에나방 어린 애벌레

고치에서 나오고 있는
반달누에나방   애벌레 얼굴   반달누에나방 다 큰 애벌레

진욱 저도 그래요. 나비들만 예쁜 줄 알았는데 나방도 참 멋있고 예뻐요. 독특하기도 하고요. 특히 애벌레가 멋진 거 같아요. 나중에 애벌레를 키워서 날개돋이 하는 걸 꼭 보고 싶어요.

새벽들 너희 모두 나방의 매력에 푹 빠졌구나. 좋은 일이야, 하하. 자, 이제 슬슬 내려가 볼까? 통나무집 근처에 쳐 놓은 관찰 천에도 아마 곤충이 많이 모였을 거야. 자, 조심해서 내려가자.

영서 네. 야, 진욱아! 어디 가. 이쪽이야. 거긴 길이 아니라고.

진욱 잠깐만, 여기 이상한 게 있어. 와, 고치다. 누가 만든 거지?

새벽들 참나무산누에나방의 고치구나.

영서 여기 물에도 하나 떨어져 있어요. 같은 건가요?

새벽들 그래, 둘 다 참나무산누에나방의 고치 군. 영서가 본 건 작년에 만든 거란다.

영서 참나무산누에나방의 고치는 이렇게 생겼구나. 크기만 좀 다를 뿐 누에나방 고치와 비슷하네요. 진욱이랑 키운 적 있었거든요. 다른 산누에나방도 고치 모양이 이런가요?

새벽들 전체적으로 비슷하지만 아주 독특하게 고치를 만드는 산누에나방도 있지. 유리산누에나방인데, 연두색 안경집 모양으로 고치를 만들어 나무에 매달아 놓거든. 참나무산누에나방 고치 윗부분을 눌러서 붙인 모양이라고 생각하면 돼. 가만 있자…… 옳지, 여기 있구나. 하나

1년 전에 만든 참나무산누에나방 고치

참나무산누에나방 고치

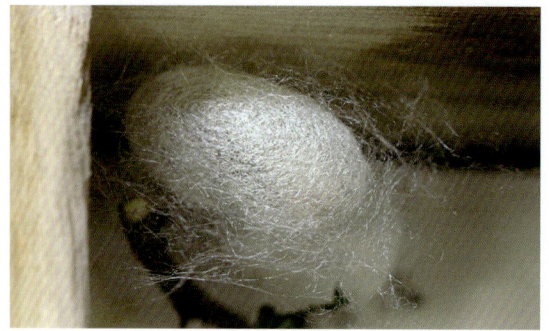

누에나방 고치

고치에서 막 나온 참나무산누에나방

참나무산누에나방의 빈 고치

주워 놓은 건데. 자, 봐라. 참 독특하게 생겼지? 모양도 모양이지만, 더 독특한 것은 녀석은 이 고치에 알을 낳기도 하지. 가끔 고치 겉에 작은 돌멩이 같은 게 붙어 있는데 그게 바로 녀석의 알이야.

영서 와, 신기해요. 이렇게 생긴 고치도 있네요.

진욱 그런데 이 구멍은 뭔가요? 여기 밑에 뚫려 있는 거요.

새벽들 오, 자세히 봤구나. 바로 배수구란다. 고치는 주로 나뭇가지에 매달려 있는데 비가 오면 비를 고스란히 맞잖니? 비가 그치면 고치 겉은 마르지만, 번데기가 있는 고치 안은 빗물이 고여 번데기가 썩겠지? 그래서 빗물이 고치 안으로 들어오더라도 바로 밖으로 나갈 수 있게 배수구를 만들어 둔 거란다.

진욱 와, 똑똑한데요. 그런데 이 나방은 어떻게 이 고치를 뚫고 나오죠? 고치가 무척 단단해요.

새벽들 좋은 질문이구나. 여기 위쪽에 납작하게 붙어 있는 것 있지? 평소엔 단단하게 붙어 있지만 습도가 높으면 고치 안에서 밖으로 밀면 문처럼 열린단다. 안에서 날개돋이를 끝낸 나방이 습도가 높은 날 여기를 밀고 밖으로 나오지. 밖에는 보통 수컷이 기다리고 있어. 수컷이 암컷보다 먼저 날개돋이를 하거든. 둘이 짝

유리산누에나방 고치와 알

짓기를 한 뒤 암컷은 알을 낳은 뒤 죽는단다. 알이 무사히 겨울을 보낸 뒤 이듬해 봄에 애벌레가 깨어나 무럭무럭 자라서 고치를 만들고 보통 10월이나 11월쯤 날개돋이를 하지. 다른 누에나방들보다 무척 늦게 날개돋이를 해. 그래서 어른벌레를 주로 늦가을쯤 볼 수 있는 거야.

영서 그런데 왜 이름에 유리라는 낱말을 붙였나요?

새벽들 어른벌레 날개에 비닐 같은 반투명한 무늬가 마치 유리창처럼 보인다고 해서 붙인 거지.

진욱 여기 있는 이 날개는 누구 건가요? 무늬가 독특해요.

알에서 나온 유리산누에나방 애벌레

유리산누에나방 종령 애벌레(고치를 만들기 직전의 애벌레)

유리산누에나방 암컷

새벽들 어디 보자. 오, 가중나무고치나방의 날개구나. 이 녀석도 산누에나방과의 나방이란다. 이름에 누에는 없지만 산누에나방 무리에 속하는 아주 큰 나방이지. 어른벌레도 멋있고 애벌레도 멋있단다. 이름만 보면 애벌레가 가중나무(가죽나무)만 먹을 것 같지만 소태나무나 산초나무, 대추나무 등 여러 나뭇잎을 먹지.

그리고 고치나방에 걸맞게 독특한 고치를 만들어. 나뭇잎을 붙인 뒤 갈색 고치를 만드는데 산에 가면 가끔 이 녀석이 만든 고치가 대롱대롱 매달려 있는 게 보인단다.

가중나무고치나방의 고치

가중나무고치나방

가슴다리

배다리

가중나무고치나방 애벌레

진욱 와, 통나무집이다. 이렇게 얘기하면서 오니까 금방 내려오네요. 어떤 곤충들이 모여 있을까요? 엄청 궁금해요.

새벽들 나도 그렇단다. 자, 천천히 살펴보자.

영서 여기 엄청 화려한 나방이 있네요. 작지만 아주 예뻐요.

진욱 어디? 정말이네. 빨간색 줄이 있어요. 아주 화려해요.

새벽들 불나방이구나. 알락주홍불나방이라는 나방이지.

영서 불나방이요? 왜 불나방이에요? 불 속으로 뛰어드나요?

알락주홍불나방

등화 관찰 천

새벽들 하하, 글쎄 왜 불나방일까? 이 나방류는 주로 붉은색이면서 화려하기 때문에 불나방이라고 부른 것이 아닐까? 그래서 크기는 작아도 눈에 잘 띄지. 재미있는 것은 우리나라에서는 불나방이라고 하지만 영어권에서는 호랑이나방(Tiger moth)이라고 한단다. 아마 그쪽 사람들은 붉은색보다는 노란색이나 검은색의 화려한 무늬가 더 눈에 띄었나 봐. 불나방 중에는 날개에 화려한 노란색이나 검은색 줄무늬가 있기도 하거든. 세계에서 다 같이 부르는 학명은 라틴어로 짓고, 불나방 종류는 *Arctiinae*라고 하는데 *Arctia*가 곰을 뜻하지. 온몸에 털이 많은 불나방 애벌레들의 모습이 곰을 닮았다고 생각했나 봐.

진욱 재미있네요. 불나방 애벌레들은 모두 곰털옷을 입고 있는 거네요, 헤헤.

영서 여기 보세요! 비슷하게 생긴 나방이 많아요. 어라, 닮았는데 조금씩 달라요. 이 아이들도 다 불나방인가요?

새벽들 맞아. 이제 영서가 불나방 전문가가 됐구나, 하하.

진욱 여기는 불나방과 크기는 비슷한데 노란색 나방이 많아요. 자세히 보니 검은색 무늬도 있어요. 무슨 나방인가요?

새벽들 그 녀석들도 불나방들이란다. 영어로 호랑이나방이라고 한 게 이런 녀석들을 보고 이름 붙인 것 같아. 어디 자세히 살펴볼까? 비슷하지만 조금씩 다른 점이 있을 거야. 그리고 나방 중에는 암수의 색과 무늬가 완전히 다른 녀석들이 있는데, 불나방 중에도 그런 녀석이 있지. 같이 찾아서 비교해 보면 재미있을 거야.

배붉은흰불나방 애벌레

수검은줄점불나방 애벌레

홍줄불나방

| 교차무늬주홍테불나방 | 교차무늬주홍테불나방 크기를 짐작할 수 있다. | 주홍테불나방 |

| 톱날무늬노랑불나방 | 점박이알락노랑불나방 | 붉은줄불나방 |

| 줄점불나방 | | 알락노랑불나방 |

넉점박이불나방 수컷   넉점박이불나방 암컷 각 날개에 점이 2개씩 모두 4개가 있다. 점 하나가 가려져 있다.   각시불나방

진욱 아저씨, 이 나방 좀 보세요. 검은색 날개에 하얀색과 노란색 무늬가 있어요. 정말 독특하게 생겼어요. 빨리 와 보세요.

새벽들 오, 정말 독특하구나. 이 나방도 불나방이란다. 흰무늬왕불나방이라고 해. 아까 봤던 불나방들보다는 조금 크지? 그래서 이름에 '왕' 자를 붙인 거야. 이 나방은 가끔 낮에도 꽃에서 꿀을 빠는 모습을 볼 수 있는데 가까이 다가가면 바로 떨어져 죽은 척을 한단다. 이 녀석 애벌레도 온통 털투성이야. 운이 좋으면 밤에 암컷이 알을 낳는 것도 볼 수 있지. 밤에 등불에 잘 모이니까 어렵지 않게 볼 수 있어.

흰무늬왕불나방 알을 낳고 있다.

흰무늬왕불나방

흰무늬왕불나방 낮에도 활동한다.

흰무늬왕불나방 속날개가 노랗다.

흰무늬왕불나방 애벌레가 털북숭이다.

영서 여기 있는 나방은 날개는 하얀데 까만 점이 잔뜩 있어요. 점박이 나방이에요, 헤헤.

새벽들 그렇구나. 정말 점박이 나방인걸? 이 녀석도 불나방이란다. 영서 말대로 점박이불나방이야. 또 배점무늬불나방도 있고, 점무늬불나방도 있고, 좀점박이불나방도 있지. 자세히 보면 조금씩 다르지만 모두 점박이들이야, 하하. 점박이불나방은 애벌레도 점박이란다. 노란색에 까만 점이 있는 게 어미와 다른 점이지.

영서 어라, 이 녀석은 점이 없는데요? 점들이 모두 어디로 갔지? 점박이불나방이 모두 가져갔나?

새벽들 뭐라고? 하하하, 영서의 상상력은 끝이 없구나. 이 녀석은 흰제비불나방이라고 원래 점이 없어. 그리고 저기 바닥에 있는 나방은 노란색 무늬가 목도리처럼 보인다고 해서 목도리불나방이라는 이름을 붙였지.

점박이불나방

점박이불나방 애벌레

좀점박이불나방

배점무늬불나방 짝짓기

점무늬불나방 짝짓기 배점무늬불나방보다 날개에 노란빛이 돌고 배가 붉은색인 것이 다르다.

흰제비불나방

홍배불나방

목도리불나방

영서 와! 아저씨, 여기 보세요. 여기 초록색 나방이 있어요. 요정처럼 엄청 예뻐요.

진욱 뭔데 또 호들갑이야. 영서도 아저씨를 점점 닮아가나 봐요, 헤헤.

새벽들 어디 보자. 오, 푸른자나방이구나. 진짜 멋있네. 혹시 이거 팅커벨 아니야?

진욱 팅커벨이요? 피터 팬에 나오는 그 요정 말이에요? 에이, 너무 과장이 심하시다~.

새벽들 이 나방은 아니지만…… 옥색긴꼬리산누에나방을 지리산 쪽에 있는 사람들은 팅커벨이라는 별명으로 부른다는 이야기를 들어서…… 한번 흉내 내 본 거야, 하하.

영서 그러고 보니 팅커벨을 닮았어요. 푸른빛이 도는 날개와 무늬가 정말 예뻐요. 그런데 자나방이라면…… 그럼 이 나방이 자벌레 엄마예요?

새벽들 맞아. 우리가 아는 자벌레가 커서 자나방이 되는데 이렇게 날개에 초록색이 있는 아이들을 묶어서 푸른자나방이라고 불러. 이 녀석은 톱날푸른자나방이라고 한단다. 날개 끝이 갈고리 모양으로 생긴 게 특징이지.

영서 그런데 자나방이 무슨 말이에요? '자'와 관계가 있나요?

새벽들 맞아. 자벌레들은 배다리가 한 쌍뿐이라 꿈틀꿈틀 움직이지 못하고 앞과 뒤를 접은 다음 다시 펴서 움직이거든. 그게 자로 뭔가를 재는 것 같다고 해서 자벌레라는 이름을 붙였단다.

한 자 한 자 재면서 움직이는 애벌레지. 자벌레의 학명은 *Geometridae*인데 Geo는 땅 또는 지구를 뜻하고 여기에 '재다, 측정하다'라는 뜻의 metry(영어의 measure)를 붙인 단어란다.

영서 와, 그러면 자벌레는 지구를 재면서 다니는 애벌레네요! 이름이 멋져요.

진욱 여기 있는 나방도 톱날푸른자나방인가요? 무늬가 조금 다른데…….

새벽들 자세히 보면 무늬가 조금 다르지? 왕무늬푸른자나방이라고 하는데, 팅커벨만큼이나 예쁜 녀석이지.

영서 자세히 보니 날개가 초록색인 나방이 많아요. 이 나방들도 모두 푸른자나방이에요?

새벽들 그렇지, 모두 푸른자나방이야. 천천히 관찰해 보면 비슷해 보여도 다른 점이 조금씩 보일 거야. 같은 푸른자나방에 속하지만 나름대로 개성이 있는 멋진 나방들이지.

영서 와, 초록색 나방이 이렇게 많은 줄 몰랐어요. 끝이 없네요. 너무 많이 봐서 정신이 하나도 없어요.

새벽들 그렇지? 그러면 오늘은 이만 정리할까? 첫날부터 무리하면 안 되지. 자, 대충 정리하고 들어가자. 같이 지내는 첫날인데 밤하늘의 별도 보고, 맛있는 간식도 먹고, 하하. 내가 정리하고 있을 테니 너희 먼저 씻고 와라. 참, 샤워장은 저기 공중화장실 지나면 있으니까 다녀오거라. 밤길 어두우니 랜턴은 꼭 챙기고.

진욱 에이, 더 보고 싶은데……. 그럼 다녀올게요. 가자, 영서야.

영서 응.

새벽들 조심해서 갔다 와.

진욱 아저씨, 이쪽으로 빨리 오세요. 샤워장이랑 설거지 하는 곳에 나방들이 엄청 많아요. 빨리 사진기 들고 오세요. 신기하게 생긴 나방이 많아요. 아저씨가 말한 팅커벨도 있어요, 빨리요.

새벽들 뭐라고, 팅커벨이 있다고? 알았어. 잠깐만 기다려. 사진기 들고 갈게.

영서 여기예요. 예쁜 나방들이 엄청 많아요.

새벽들 어, 어디…… 오 그렇구나. 먼저 사진부터 찍고. 설명은 나중에 해 줄게.

톱날푸른자나방

왕무늬푸른자나방

네눈박이푸른자나방

녹색푸른자나방

흰줄무늬애기푸른자나방

두줄푸른자나방

두줄애기푸른자나방

붉은무늬푸른자나방

흰줄푸른자나방

갈색무늬푸른자나방

배붉은푸른자나방

붉은줄푸른자나방

큰무늬박이푸른자나방

애기네눈박이푸른자나방

흰띠푸른자나방

무늬박이푸른자나방

색동푸른자나방

점선두리자나방

계곡에 앉아 물을 마시는 흰줄푸른자나방 꼬리에 물방울이 매달려 있다.

캠핑장에서 만난 나방들

버들나방

세줄점가지나방

갈고리가지나방

긴꼬리산누에나방

무늬독나방

달유리고치나방

흰무늬왕불나방

알락굴벌레나방

왕물결나방

흰그물왕가지나방

물결큰애기자나방

캠핑장의 밤

캠핑장의 나방들!

테라스에 설치한 등화 관찰용 텐트

새벽들 자, 출발해 보자. 오늘은 숲을 한 바퀴 둘러보고 나서 통나무집 테라스에 설치한 등화 관찰 텐트를 살펴보자.

영서 오늘은 관찰 텐트를 테라스에 치시네요. 어제처럼 마당에 치면 좋을 텐데…….

새벽들 여러 곳에 치면서 어떤 곤충들이 오는지 알아보려는 거야. 마당에서 본 곤충들과 테라스에서 본 곤충이 어떻게 다른지 비교해 보려는 거지. 자, 준비됐으면 출발한다.

진욱 네, 가요. 오늘은 어떤 곤충들을 만날지 기대가 돼요.

영서 저도요.

새벽들 조심해서 올라가자. 어제도 말했지만 손님처럼 조용히 다녀오자꾸나.

진욱 어, 나방 같은데…… 여기 보세요.

영서 어디? 난 안 보이는데.

진욱 여기. 나무껍질에 나방이 한 마리 붙어 있잖아?

영서 어디? 와, 정말이네! 나무껍질하고 비슷해서 네가 알려주지 않았으면 나방이 있는지도 모르겠어. 정말 감쪽같아.

새벽들 용케 찾았구나. 보호색을 띠어서 찾기 힘들었을 텐데……. 뒷날개나방이라고 한단다.

진욱 뒷날개나방이요?

새벽들 나방을 옆에서 한번 보렴. 그러면 뒷날개나방이라는 말이 이해가 될 거야.

진욱 와, 옆에서 보니까 뒷날개 색이 달라요. 노란색이 보여요. 그래서 이름이 뒷날개나방이구나.

새벽들 맞아. 앞날개와 뒷날개 색이 완전히 다르지. 밤나방과에 속하는 나방 중에서 이렇게 뒷날개에 특징이 있는 녀석들을 따로 모아서 뒷날개밤나방이라고 해. 어제 본 태극나방이나 무궁화밤나방도 뒷날개밤나방 무리지. 정확하게는 밤나방과 뒷날개밤나방아과에 속한단다. 어때, 색이 환상적이지? 이 녀석은 꼬마노랑뒷날개나방이라고 해.

영서 그런데 왜 날개 색이 다를까요?

진욱 새들이 잡으려고 하면 날개를 확 펴서 놀래 주려는 게 아닐까요?

꼬마노랑뒷날개나방

새벽들 오, 진욱이가 제대로 알고 있구나. 나무 껍질과 비슷한 앞날개는 보호색이고 색이 다른 뒷날개는 경고색이라고 할 수 있지.

영서 여기에 다른 나방이 있어요. 앞날개 무늬는 그 나방하고 다른데 뒷날개가 같은 노란색이에요. 이 나방도 뒷날개나방이죠?

새벽들 어디? 맞아. 뾰죽노랑뒷날개나방이라는 녀석인데 뒷날개가 노란색이야.

진욱 여기도 있어요. 한번 보니까 자꾸 눈에 띄네요. 얘도 뒷날개가 노란색이에요.

새벽들 광대노랑뒷날개나방이야. 뒷날개는 비슷하지만 앞날개 무늬가 좀 다르지.

영서 이 나방도 뒷날개가 노란색이에요. 줄무늬가 좀 굵어 보여요.

새벽들 영서 말대로 뒷날개 무늬가 굵구나. 그래서 이름도 굵은줄노랑뒷날개나방이라고 한단다. 어, 이쪽에 연노랑뒷날개나방도 있네. 날개를 펼치니까 노란색이 선명하게 보이지?

진욱 뒷날개나방은 모두 뒷날개 색이 노란색이에요? 다른 색은 없어요?

새벽들 아니야, 붉은색도 있어. 개똥을 먹고 있었던 무궁화밤나방도 붉은색이고……. 어디 또 찾아볼까?

영서 여기 보세요. 앞날개를 살짝 열었는데 속에 붉은색이 보여요. 이 녀석 아니에요?

새벽들 맞아, 잘 찾았어. 붉은뒷날개나방이야. 그리고 노란색이나 붉은색이 아닌 나방 중에서도 뒷날개밤나방 무리에 속하는 나방이 있단다. 이름에 '뒷날개나방'이 없어도 뒷날개밤나방 속하는 무리로 꼬마구름무늬밤나방을 대표적으로 들 수 있지.

영서 밤에 다니니까 신기한 곤충들을 많이 보는 것 같아요. 특히 나방들요. 나방이 정말 많네요. 왜 진작 밤에 안 다녔나 모르겠어요, 후후.

밤나방과 뒷날개밤나방 무리

꼬마구름무늬밤나방

청백무늬밤나방

보라무늬밤나방

굵은줄노랑뒷날개나방

짝짓기

연노랑뒷날개나방

붉은뒷날개나방

사슴노랑뒷날개나방

작은광대노랑뒷날개나방

광대노랑뒷날개나방

뾰죽노랑뒷날개나방

흰무늬박이뒷날개나방

새벽들 가장 늦었다고 생각하는 때가 가장 빠른 때란다. 하하. 이제부터 시작하면 되지. 너희가 있어서 든든하구나. 앞으로도 많이 도와줄 거지? 사실 혼자 다니면 심심하기도 하고 무섭기도 하거든.

영서 아저씨도 무서운 게 있어요? 아저씨가 무섭다는 게 신기해요. 제일 무섭게 생겼으면서…… 헤헤. 알았어요, 겁쟁이 아저씨가 도와달라는데. 여기서도 그렇고 집에 가서도 시간 내서 도와드릴게요. 일주일에 한 번 정도는 도와드릴 수 있어요. 저도 바쁘기는 하지만 겁쟁이 아저씨의 부탁이니까 특별히 들어드릴게요, 흠흠.

진욱 저도요. 우리 진짜로 일주일에 한 번 정도 만나면 안 돼요? 이렇게 밤에 다니니까 정말 신나요.

새벽들 좋아, 생각해 보자꾸나. 하하.

영서 아저씨, 저기 나무 위에 붙어 있는 하얀색은 뭐예요? 휴지 같기도 하고…… 앗, 나방이다!

새벽들 어디? 오, 정말 나방이구나. 우리 조금 기다려 보자꾸나. 혹시 저 나방이 내려올지 모르니까.

영서 와, 완전 하얀색이에요. 어라? 자세히 보니 검은색 줄무늬가 있어요.

새벽들 흰제비가지나방이라고 해. 날개가 제비 날개를 닮은 가지나방이지.

흰제비가지나방

진욱 가지나방이요?

새벽들 자나방 알지? 어제 봤던. 그 자나방하고 같은 과에 속하는 나방이야. 애벌레가 나뭇가지처럼 보여 가지나방이라고 한 것 같아. 가지나방 애벌레들은 위협을 느끼면 몸을 꼿꼿이 세우고 꼼짝도 안 하는데, 정말 나뭇가지처럼 보이지?

영서 가지나방이 자나방과라면 이 녀석 애벌레도 지구를 재는 멋진 측량 기술자네요.

새벽들 오, 맞아. 영서가 제대로 기억하고 있구나. 맞아, 지구를 측량하면서 사는 아이들이지.

진욱 그럼 다른 나방 애벌레들은 자벌레처럼 움직이지 않나요?

노박덩굴가지나방 애벌레

노랑가지나방 애벌레

털겨울가지나방 애벌레

뾰족가지나방 애벌레 자로 재듯이 움직이고 있다.

새벽들 그래. 애벌레들은 과마다 움직이는 게 조금씩 달라. 배다리 숫자도 다르고.

영서 배다리요?

새벽들 응, 배다리! 애벌레는 보통 가슴에 세 쌍의 가슴다리가 있고 배에 네 쌍, 그리고 배 끝에 꼬리다리가 한 쌍 있단다. 그런데 자벌레는 이 중에서 배다리 세 쌍이 퇴화되어 없기 때문에 자로 재는 것처럼 움직이지. 하지만 밤나방들은 배다리 네 쌍이 그대로 있어 꿈틀꿈틀 몸을 흔들면서 움직인단다.

영서 와, 신기해요. 그런데…… 아까 뒷날개나방도 밤나방과라고 하셨잖아요. 그럼 다른 밤나방과 애벌레하고 다리가 똑같겠네요?

새벽들 와, 질문이 고차원적이네! 맞아, 뒷날개나방도 배다리가 네 쌍이지만 앞에 있는 배다리 두 쌍이 조금 짧단다. 그걸로 구별할 수 있지.

진욱 여기 있는 이 나방은 줄무늬가 조금 달라요. 훨씬 굵고 뒤에 노란색 점도 있어요.

새벽들 먹세줄흰가지나방이라는 녀석이란다. 역시 가지나방 무리에 속하지. 하얀색 날개에 먹으로 그린 것 같은 줄이 세 개 있어서 붙인 이름이야.

영서 이 녀석도 멋지네요. 오늘은 가지나방을 알아서 정말 좋아요. 가지나방이 가지 마, 가지 마 하고 자꾸 붙잡는 것 같아요, 헤헤.

새벽들 정말 그렇구나, 하하.

붉은뒷날개나방 애벌레 앞의 배다리 두 쌍이 짧다.

꼬리다리

점곱추밤나방 애벌레 배다리 네 쌍의 크기가 비슷하다.

먹세줄흰가지나방

큰노랑물결자나방

배노랑물결자나방

진욱 어, 저건…… 아저씨, 저기 노란색 나방들이 있는데. 으~ 똥에 모여 있어요.

영서 야, 똥은 더러운 게 아니야. 염분 같은 양분도 있고 또 민들레도 키운다고.

새벽들 영서가 진욱일 제대로 가르치는구나, 하하. 우리 좀 가까이 가서 보자. 오, 정말 선명한 노란색 나방이구나. 날개에 있는 줄무늬가 물결치듯 움직이는 것 같지? 큰노랑물결자나방이라고 하는데 1년에 두 번 나타나서 가을에도 볼 수 있어. 어디 보자, 저기 바닥에 있는 나방 좀 봐라. 배노랑물결자나방인데 같은 종류의 나방이란다.

영서 저 녀석도 날개에 물결무늬가 있네요. 그런데 왜 저렇게 바닥에 앉아 있을까요? 혹시, 똥!

새벽들 똥이 아니어도 나방들은 가끔 저렇게 바닥에 내려앉아서 물이나 흙에 있는 다양한 양분을 빨아먹는단다.

진욱 아야~ 으, 쓰라려. 아저씨, 도와주세요! 뭔가에 물린 것 같아요. 아파요~.

영서 진욱아, 왜 그래? 어, 아저씨! 진욱이 손이 부었어요. 어떡해요? 진욱아, 괜찮아?

새벽들 어디 보자. 쐐기나방 애벌레를 건드렸나 보다. 잠깐만, 우선 소독부터 하고, 그리고…… 이 연고도 좀 바르자. 지금은 아주 쓰라리지만 조금 시간이 지나면 괜찮아질 거야. 그래도 혹시 모르니 오늘은 그만 내려가도록 하자. 내려가서 좀 쉬고 테라스에 설치한 관찰 텐트를 살펴보는 게 좋겠어.

영서 쐐기나방이요? 독이 있어요? 진욱이는 어떡해요?

새벽들 보통 쐐기나방 애벌레들은 침 같은 가시들이 많아. 가시에 독은 있지만 사람들에게 많이 해로운 정도는 아니란다. 그 대신 아주 아프고 쓰라리지. 소독도 하고 약도 발랐으니 별 문제는 없을 거야. 너무 걱정하지 마.

진욱 한번 찾아보고 싶어요. 어떻게 생긴 애벌렌지. 알아야 다음엔 안 쏘이잖아요.

새벽들 그래? 그럼 근처에서 넓은잎나무의 잎을 한번 찾아보자. 주로 쐐기나방 애벌레들은 버드나무, 층층나무, 참나무 종류 같은 넓은잎나무의 잎을 먹거든. 먹은 흔적이 있는 잎 뒤를 잘 찾아보면 될 거야.

영서 여기 있어요! 얘가요?

새벽들 오, 조심해라. 어디 보자. 음, 검은푸른쐐기나방 애벌레구나. 잘 봐라. 다 자란 애벌레는 등에 푸른색 줄무늬와 검은색 돌기가 생기지. 진욱이가 이 가시에 찔린 것 같구나.

진욱 나를 찌른 건 나쁘지만, 그래도 멋진 애벌레네요. 만지지만 않으면 되죠? 어른벌레도 멋지겠죠? 어른벌레도 저 푸른색이 나타나나요?

새벽들 아파도 질문할 건 다 하는구나, 하하. 어른벌레도 멋져. 한번 보면 쉽게 잊지 않을 그럴 나방이지. 애벌레 몸처럼 푸른색이 아닌 날개가 연두색인 아주 예쁜 나방이란다.

검은푸른쐐기나방 애벌레(4령)

검은푸른쐐기나방 애벌레(5령)

검은푸른쐐기나방

검은푸른쐐기나방 짝짓기

영서 여기에도 있어요. 생각보다 많네요. 어, 그런데 등에 있는 푸른색 무늬가 달라요. 얘도 쐐기나방 애벌레 맞죠?

새벽들 어디, 그 녀석은 뒷검은푸른쐐기나방 애벌레란다. 등에 있는 무늬가 조금 다르지. 이 나방의 어른벌레는 검은푸른쐐기나방과 거의 비슷한데, 다만 뒷날개 색이 검은색이어서 뒷날개가 연한 노란색인 검은푸른쐐기나방과 구별되지.

진욱 이건 뭐예요? 여기 초콜릿같이 생긴 고치가 있어요.

새벽들 노랑쐐기나방 고치야.

영서 노랑쐐기나방이요?

새벽들 응, 쐐기나방 종류지. 근처에 잘 찾아보면 애벌레가 있을 거야. 다른 쐐기나방 애벌레들처럼 주로 넓은잎나무를 먹지. 저쪽으로 가 볼까? 저기 버드나무가 있는 곳으로. 지난번에 보니까 녀석들이 버드나무 잎을 아주 맛있게 먹더구나. 옳지, 여기 있다. 이 녀석이 바로 노랑쐐기나방의 애벌레란다. 어때, 예쁘지 않니? 하지만 조심해야 한다. 쏘이면 무지 아프니까. 예전에 이 녀석을 키우면서 날개돋이를 할 때 보니까 통조림 깡통 따듯이 고치를 깨끗하게 오리고 나오더구나. 어찌나 환상적이던지. 거의 예술이야, 하하.

진욱 아저씨, 저는 아파 죽겠는데 지금 웃음이 나와요? 나빠요, 정말!

뒷검은푸른쐐기나방 애벌레

뒷검은푸른쐐기나방

노랑쐐기나방 어린 애벌레 버드나무 잎을 먹고 있다.

다 자란 노랑쐐기나방 애벌레(5령)

노랑쐐기나방 애벌레 참나무 종류 잎을 먹고 있다.

노랑쐐기나방 번데기 고치를 만들려고 준비 중이다.

노랑쐐기나방 고치

막 고치에서 나온 노랑쐐기나방

빈 고치 안에 번데기 허물이 보인다.

통조림 깡통을 따듯이 윗부분을 깨끗하게 오리고 나온다.

새벽들 오, 미안 미안. 자, 빨리 내려가자. 그 대신 내가 내려가서 맛있는 라면 끓여 줄게.

영서, 진욱 네, 빨리 가요! 라면 먹으러.

새벽들 자, 라면도 먹고, 좀 쉬었으니 테라스로 나가 볼까? 진욱아, 손은 어때? 괜찮겠어?

진욱 네, 맛있는 라면을 먹고 나니까 다 나았어요. 자, 나가요. 헤헤.

영서 와, 곤충이 많이 모였어요. 신기한 나방도 많아요. 어, 저건 뒷날개나방 아니에요? 아까 산에서 봤던. 그런데 뒷날개 색이 빨간색이에요. 정말 예뻐요.

진욱 그 옆에 뒷날개가 노란색도 있어. 어, 저건 아까 숲에서 본 거였는데…… 무슨 뒷날개나방이라던데.

새벽들 꼬마노랑뒷날개나방이란다. 그리고 뒷날개가 노란색인 것은 사과나무노랑뒷날개나방이고. 뒷날개가 빨간색인 녀석은 회색붉은뒷날개나방이구나. 이제, 뒷날개나방은 척 보면 아는구나, 하하.

영서 여기 붙어 있는 나방은 무늬가 독특해요. 날개는 까만데 하얀색 줄이 그물처럼 뻗어 있어요. 무슨 나방이에요?

새벽들 정말 영서 말대로 하얀색 그물 무늬가 있구나. 흰그물물결자나방이라는 나방이란다. 아까 숲에서 봤던 큰노랑물결자나방 생각나지? 그 녀석과 같은 무리에 속하는 나방이야. 여기저기 비슷한 나방들이 보이네. 무늬와 색이 전혀 다른 녀석들도 있지만 모두들 물결자나방이란다.

꼬마노랑뒷날개나방

사과나무노랑뒷날개나방

회색붉은뒷날개나방

흰그물물결자나방

닮은 듯 다른 물결자나방들!

왕눈애기물결자나방

얼룩물결자나방 수컷

얼룩물결자나방 암컷

점줄뾰족물결자나방

큰톱날물결자나방

톱날물결자나방

흰애기물결자나방

회색물결자나방

노랑그물물결자나방

노랑잔줄물결자나방

먹줄초록물결자나방

속흰물결자나방

흰무늬물결자나방

연노랑애기물결자나방

노랑무늬물결자나방

큰애기물결자나방

영서 이 나방은 아주 작은데 참 생김새가 독특해요. 옆에서 보니까 작은 산처럼 생겼어요.

새벽들 오, 표현이 좋은걸? 어디 보자. 정말 작은 산이구나, 하하. 쐐기나방이란다. 아까 숲에서 봤던 쐐기나방들하고 같은 무리야. 생각나니?

진욱 그럼요, 제가 어떻게 잊겠어요. 여기 있는 이 나방도 비슷해요. 얘도 쐐기나방인가요?

새벽들 그렇지, 모두 쐐기나방이란다. 어른벌레도 독특하지만 애벌레도 아주 재미있게 생겼어. 짚신 같기도 하고 빈대떡 같기도 하고……. 어떤 녀석은 빨간색 점무늬가 있기도 하지. 아직 우리나라 이름이 없는 쐐기나방도 있단다. 그만큼 연구가 부족한 분야야.

닮은 듯 다른
쐐기나방과 그 애벌레들!

흑색무늬쐐기나방

갈색쐐기나방

꼬마얼룩무늬쐐기나방(위), 참쐐기나방(아래)

흰점쐐기나방	 참쐐기나방	 극동쐐기나방
 새극동쐐기나방	 꼬마쐐기나방	 남방쐐기나방
 흑색무늬쐐기나방 애벌레	 꼬마얼룩무늬쐐기나방 애벌레	흰점쐐기나방 애벌레
 극동쐐기나방 애벌레	 꼬마쐐기나방 애벌레	남방쐐기나방 애벌레
 대륙쐐기나방 애벌레	 *Naryciodes posticalis* (국명 없음) 애벌레	장수쐐기나방 애벌레

진욱 아저씨, 여기 보세요. 이상한 나방이 있어요. 나뭇잎에 붙어 있는 이 나방이요. 색깔이 너무 멋있어요.

영서 어디? 와, 정말이네. 색깔도 멋있고 날개도 멋있어. 어, 그런데…… 가만, 진욱아! 여기 좀 봐. 몸에 무슨 무늬가 있는데……. 와! 헤비메탈 하는 사람들 팔에 새긴 문신 같아.

진욱 정말 해골 같은데? 와, 무시무시하다! 나방 몸에 해골 문신이 다 있고…….

새벽들 뭔데 그래? 흠, 너희 말을 듣고 보니 정말 해골 문신이구나, 하하. 녀석은 노랑제비가지나방이란다.

노랑제비가지나방(자나방과)

영서 제비가지나방이요? 날개가 독특하게 생겼어요.

진욱 그럼, 숲에서 봤던 그 제비나방하고 같은 무리인가요? 무슨 제비나방이라고 했던 애…….

새벽들 정확하게는 흰제비가지나방이지. 제비가지나방하고 제비나방은 이름만 비슷하지 다른 무리란다. 제비나방은 제비나방과의 나방이고 제비가지나방은 자나방과의 나방이야.

영서 여기 큰 나방들이 많아요. 색도 다양하고 날개 무늬도 여러 가지예요. 이 나방들도 가지나방 종류인가요?

새벽들 맞아. 모두 가지나방 종류지. 우리 주변에서 가장 많이 보이는 나방들이 이 가지나방일걸? 아저씨가 여기서 조사한 것만도 40종이 넘었으니까. 애벌레도 많이 보이고 어른벌레도 많이 보이지.

영서 그래서 가지나방이군요. 여러 가지, 가지 가지 가지나방. 그리고 가지나방은 우리랑 친하게 지내고 싶은가 봐요. 이렇게 많이 온 걸 보니. 가지나방이라고 하지 말고 같이나방이라고 불러야겠어요. 헤헤.

새벽들 영서는 정말 대단해. 같이나방, 하하하!

짝짓기 중인 노랑제비가지나방

제비나방(제비나방과)

닮은 듯 다른 가지나방들!

갈고리가지나방

줄고운노랑가지나방

구름무늬가지나방

흰제비가지나방

끝짤룩노랑가지나방

썩은잎가지나방

큰알락흰가지나방

꼬마노랑가지나방

뽕나무가지나방

네눈애기가지나방　　　큰노랑애기가지나방　　　각시얼룩가지나방

흰깃가지나방　　　줄구름무늬가지나방　　　연회색가지나방

털뿔가지나방

물결가지나방

연푸른가지나방

배털가지나방

북방구름무늬가지나방

네줄가지나방

먹그림가지나방

큰눈노랑가지나방

뾰족귀무늬가지나방

담흑가지나방

노박덩굴가지나방

끝갈색흰가지나방

참빗살얼룩가지나방 · 잠자리가지나방

쌍점흰가지나방

줄마디가지나방

고운날개가지나방

노랑얼룩끝짤름가지나방

노랑날개무늬가지나방

가랑잎가지나방

굵은줄제비가지나방

다색띠큰가지나방

뒷노랑점가지나방

니도베가지나방(= 니토베가지나방)

두줄가지나방 수컷

두줄가지나방 암컷

보라애기가지나방

뿔무늬큰가지나방

흰무늬노랑가지나방

금빛가지나방

톱니무늬가지나방

뾰족가지나방

두줄점가지나방

뒷검은그물가지나방

알락흰가지나방

흰띠왕가지나방

토끼눈가지나방

흰점박이흰가지나방 점무늬흰가지나방

불회색가지나방

짝짓기 하는 불회색가지나방

예쁜 나방 찾으러 밤 숲으로!

수수꽃다리명나방

새벽들 자, 저녁 식사도 했으니 슬슬 숲으로 가 볼까? 오늘은 날이 어두워지기 전에 산으로 올라가 보자. 어때, 힘들지 않니? 집에 가고 싶지 않아? 오늘이라도 데려다 줄까?

영서 아니에요, 정말 재미있어요. 신나요.

진욱 집에 가면 학원에 가야 하고, 엄마 잔소리도 들어야 하고, 좀 힘들지만 여기가 좋아요. 하고 싶은 것을 할 수 있으니까 힘들어도 재미있어요.

영서 맞아요. 하고 싶은 것을 하니까 완전 신나요. 오늘은 무슨 곤충들을 만날까 기대가 돼요. 어디로 갈 건가요?

새벽들 오늘은 어제와는 다른 곳으로 가볼까 해. 캠핑장 뒷산에 여러 코스가 있으니까 계곡을 따라 가면서 곤충들을 찾아보자. 자, 준비됐니?

영서 네, 빨리 가요!

진욱 어, 저기 있는 거 애벌레 아니에요? 저기 나무에요. 엄청 많은데요. 털도 많고…… 득실득실해요.

새벽들 어디 보자. 가죽나무구나. 그렇다면 가중나무껍질밤나방 애벌레겠네. 가서 직접 보

가중나무껍질밤나방 애벌레

가중나무껍질밤나방 애벌레 고치를 만들고 있다.

가중나무껍질밤나방 고치 속에 있던 번데기

가중나무껍질밤나방 고치 안

자. 역시 맞구나. 이 애벌레는 가죽나무(또는 가중나무) 잎을 먹고 사는데 노란색과 검은색 줄무늬가 뚜렷해서 눈에 확 띄지.

영서 애벌레가 횡단보도처럼 생겼어요. 털 난 횡단보도, 헤헤. 멋져요.

진욱 저 털에도 독이 있나요? 만지면 쓰라려요?

새벽들 글쎄다. 한번 만져 볼래? 하하. 정확하게 저 털에 무슨 성분이 있는지 아직 모르지만 손으로 만지면 안 돼. 보통 털이 많은 애벌레들은 그 털이 방어용이거든. 가려움증을 일으킬 수 있으니까 조심하렴. 이 애벌레는 색깔도 화려하지만 번데기에서 우는 소리가 나는 것으로도 유명하단다.

영서 번데기에서요?

새벽들 응, 전에 고치 속을 들여다본 적이 있었는데 신기하게도 번데기 끝에 작은 빨래판 같은 홈이 나 있더구나. 거기와 맞닿은 고치 속 벽에 굵은 줄 같은 것이 여러 가닥으로 흩어져 있고. 홈이 파인 번데기 끝으로 그 벽을 긁으니까 우는 소리가 들리던걸? 정말 신기했어. 이 나방은 보통 9, 10월경이면 날개돋이를 하니까 곧 있으면 어른벌레를 볼 수 있을 거야.

진욱 어떻게 생겼는데요? 어른벌레도 노란색과 까만색 줄무늬가 있나요?

새벽들 아니, 완전히 색이 달라. 특히 나방의 아랫면을 보고는 깜짝 놀랐단다. 어떻게 저런 색이 있나 싶어서 말이야. 말로 그 색을 어떻게 설명해야 할지 참 까다로워.

영서 쟤들은 왜 저렇게 모여 살까요? 너무 징그러워요~.

새벽들 바로 그걸 노리는 거야. 새들도 저렇게 모여 있는 걸 보면 징그러워하거나 무서워하거든. 그리고 혼자 있는 것보다는 여럿이 있는 게 살아날 확률도 높지. 아마 너희도 봤을 텐데……. 그래, 쥐똥나무에 보면 털 달린 애벌레가 엄청 많이 붙어 있지? 별박이자나방 애벌레들인데, 그 녀석들도 비슷한 이유로 집단으로 모여 산단다.

가중나무껍질밤나방

별박이자나방 어린 애벌레

별박이자나방 다 자란 애벌레(종령)   별박이자나방

영서 아저씨, 저기 말벌이에요. 조심하세요.

진욱 어디? 으악, 진짜다. 빨리 피하자. 쏘이기 전에!

새벽들 하하하, 진욱이가 쐐기나방한테 당하고 나더니 이젠 겁쟁이가 다 됐구나. 자, 그럼 이 아저씨가 말벌을 좀 잡아 볼까?

진욱 안 돼요, 위험해요!!

새벽들 자, 잡았다. 손에 올려놓고 보니까 더 멋지네. 자, 봐라. 이게 말벌 얼굴이다, 하하.

영서 어, 그런데. 더듬이가…… 말벌 더듬이가 원래 이랬어요? 나방같이 생겼어요. 나방 수컷하고 더듬이가 똑같네요.

새벽들 나방이니까 더듬이가 똑같지, 하하.

진욱 네? 이게 나방이라고요?

새벽들 그래. 말벌하고 비슷하게 생겼지만 분명 나방이란다. 영서 말대로 더듬이가 나방하고 똑같잖니?

진욱 정말이네요. 말벌 더듬이와는 달라요.

새벽들 유리나방이라는 나방이란다. 산딸기에 알을 낳아서 산딸기유리나방이라고 하지. 애벌레들이 산딸기 잎을 먹거든. 비슷하게 생긴 나방으로는 낮에 가끔씩 보이는 찔레유리나방도 있어.

진욱 휴, 안심이다. 또 쏘이는 줄 알았네.

산딸기유리나방

찔레유리나방

영서 신기한 나방이 다 있네요. 정말 나방 세계는 무궁무진한 것 같아요.

새벽들 자, 그럼 더 멋진 나방들을 만나러 계속 앞으로 나아가 볼까?

영서 네.

진욱 와, 저 나방은 뭐예요? 완전 멋있어요! 검은색 날개에 하얀색 줄무늬가 정말 멋져요. 어라, 얼굴은 빨간색이네요.

새벽들 날개 뒤에 하얀색 띠가 있다고 해서 뒤흰띠알락나방이라고 하지. 자, 아저씨가 손에 올려놓을 테니 자세히 보렴. 멋지지? 애벌레는 노린재나무를 먹고 살아서 4, 5월경에 노린재나무를 살펴보면 이 녀석의 애벌레를 쉽게 찾을 수 있단다. 건드리면 물방울 같은 방어 물질을 뿜어 내기도 하지.

영서 저기 잎 위에서 짝짓기 하는 나방은 누구예요? 아주 작아요. 와, 날개 무늬가 정말 예뻐요. 자세히 보니 더듬이가 다르네요. 수컷과 암

뒤흰띠알락나방

뒤흰띠알락나방 애벌레   뒤흰띠알락나방 애벌레의 방어 물질

컷을 구별할 수 있겠어요. 빗살 모양 더듬이가 수컷이죠?

새벽들 그렇단다. 날개에 노란 무늬가 여덟 개 있어서 여덟무늬알락나방이라고 해. 1년에 두 번 나타나는 나방이야. 5월과 10월경에 갈대나 억새 같은 잎을 살펴보면 애벌레를 볼 수 있지. 어, 저기 애벌레가 있구나. 애벌레도 아주 예쁘지? 알락나방 중에서 노랑털알락나방이라는 녀석도 우리 주변에서 자주 볼 수 있는데 애벌레가 주로 화살나무나 사철나무 같은 나무의 잎을 먹고 살아서 봄에 그 나무를 살펴보면 쉽게 만날 수 있어. 그리고 10월쯤에 이 나무들을 자세히 살펴보면 짝짓기 하는 암수뿐만 아니라 암컷이 알을 낳는 것도 볼 수 있단다. 알로 겨울을 나기 때문에 어미가 자기 몸에서 털을 뽑아 알에 덮어씌우지. 알이 겨울 추위에 얼지 않게 하려고 말이야.

여덟무늬알락나방

여덟무늬알락나방 애벌레

노랑털알락나방

노랑털알락나방 애벌레

짝짓기 후 알을 낳는 **노랑털알락나방** 털로 덮인 노란 것들이 알이다.

진욱 와, 이것 보세요. 나뭇잎처럼 생긴 게 있어서 살짝 건드렸더니 나방이에요. 뒷날개가 노란 멋진 나방이네요. 이 나방도 뒷날개나방인가요?

새벽들 와, 멋진 나방을 찾았구나. 뒷날개나방과 비슷하지만 이 녀석은 으름밤나방이야. 애벌레가 으름덩굴을 먹고 살아서 붙인 이름이지. 어른벌레도 멋지지만 애벌레도 그에 못지않게 예쁘단다. 한번 보고 나면 꼭 다시 보고 싶은 애벌레지.

영서 여기 있는 이 나방은 날개가 독특하게 생겼어요. 끝이 휘어진 게 부메랑 같아요. 흠, 부메랑 나방 아니에요? 이 나방은 날아갔다가 다시 제자리로 돌아올 것 같아요. 후후.

진욱 여기도 비슷한 나방이 있어요. 색이나 무늬는 다르지만 날개 끝이 영서가 발견한 나방과 비슷해요. 이 나방도 부메랑 나방 같아요.

새벽들 어디 보자, 진짜 부메랑이구나. 하하.

으름밤나방

낮에 본 으름밤나방 애벌레 　　　　밤에 본 으름밤나방 애벌레

영서가 본 녀석은 멋쟁이갈고리나방이고 진욱이가 본 녀석은 금빛갈고리나방이란다.

멋쟁이갈고리나방

금빛갈고리나방

영서 갈고리요? 에이, 부메랑이 훨씬 좋은데.
진욱 얘도 갈고리나방인가요? 날개 끝은 비슷한데 색이 완전히 달라요. 하얀색 날개에 줄무늬가 멋있어요.
영서 어, 여기도 있다! 이 나방은 하얀색 날개에 노란색 테두리가 있는 점무늬예요.
새벽들 용하게도 잘 찾는구나. 둘 다 갈고리나방이 맞아. 진욱이가 본 녀석은 왕갈고리나방, 그리고 영서가 본 녀석은 얼룩갈고리나방이란다. 오, 저기도 있구나. 물결줄흰갈고리나방하고 황줄점갈고리나방이네.
영서 와, 왜 이렇게 이름이 어려워요. 우린 그냥 부메랑 나방이라고 부를래요, 헤헤.

닮은 듯 다른 갈고리나방들!

왕갈고리나방

얼룩갈고리나방

물결줄흰갈고리나방

황줄점갈고리나방

남방흰갈고리나방

세줄꼬마갈고리나방

참나무갈고리나방

쌍점줄갈고리나방

노랑갈고리나방

밤색갈고리나방

새벽들 그게 좋겠다. 나도 앞으로 그렇게 불러야겠구나. 이 부메랑들은 등불을 켜놓으면 자주 찾아오는 반가운 손님이지. 어떤 부메랑들이 있는지 살펴볼까?

진욱 어, 이 나방은 부메랑이 두 갠데요? 꼬리가 두 갈래로 갈라졌어요. 이 나방도 부메랑 나방인가요?

새벽들 어디 보자. 이 나방은 부메랑이 맞긴 한데, 갈고리나방과에 속하는 나방이 아니라 쌍꼬리나방과에 속하는 나방이란다. 이름처럼 날개 끝이 두 갈래로 갈라져 있지? 그래서 쌍꼬리라는 이름을 붙였단다. 가끔 낮에도 보이는 녀석이지.

영서 진짜 신기한 나방도 다 있네요. 부메랑에다가 쌍꼬리까지……. 혹시 허수아비처럼 날개를 벌리고 있는 나방이나 비행기 날개 같은 나방도 있나요? 아니면 십자가처럼 생긴 나방이나요. 설마 그런 나방은 없겠죠? 헤헤.

뒷무늬쌍꼬리나방

참나무갈고리나방과 흑점쌍꼬리나방

새벽들 와, 영서가 완전 나방 박사가 됐구나. 어떻게 알았지? 진짜로 그런 나방이 있어.

영서 정말요?

새벽들 응, 비행기처럼 생긴 비행기나방도 있고, 십자가처럼 생긴 털날개나방도 있지.

영서 와, 나방은 끝이 없어요. 이제 막 질리려고 해요, 휴~.

새벽들 어이쿠, 벌써 그러면 안 되는데. 할 수 없지. 영서가 질렸다고 하니까 밤 곤충 탐사를 그만해야겠다. 자, 내려가서 짐 챙기자. 집에 데려다 줄게.

영서 아, 아니에요. 그냥 해 본 소리예요. 제 얘기는 나방이 너무 많아서 머리가 복잡하다는 거예요. 이럴 땐 간식이 최곤데…… 아저씬 그것도 모르고…….

새벽들 하하하, 그럴 줄 알고 간식을 준비해 뒀지. 짜장 떡볶이에 어묵을 넣어 먹으면 어떨까?

영서, 진욱 완전 좋아요!!

새벽들 자, 그럼 빨리 내려가자, 하하.

영서 역시 머리 아플 땐 간식이 최고라니까. 완전 맛있었어요! 자, 이제 힘이 나니까 다시 나가 볼까요? 숲에 설치한 등화 관찰 천과 텐트를 보러 가요. 어떤 애들이 있을지 궁금해요.

작은비행기밤나방

긴수염비행기밤나방

긴수염비행기밤나방 애벌레

쑥부쟁이털날개나방

파털날개나방

포도털날개나방

등화 관찰

진욱 난 벌써 준비 끝냈어. 말만 하지 말고 빨리 나와~.

새벽들 얘들아, 잠깐만! 사진기 좀 챙기고……. 설거지는 다녀와서 너희가 해야 한다, 하하.

영서 와, 이 나방은 나뭇잎과 똑같이 생겼어요.

옆에서 보면 진짜 똑같아요. 날개에 금빛 무늬도 있고. 멋져요. 금가루나방인가 봐요.

진욱 옆에도 있어. 조금 다르지만 그 나방도 나뭇잎과 비슷하게 생겼어.

새벽들 어디 보자, 금빛갈고리밤나방이구나. 진욱이가 말한 녀석은 북방갈고리밤나방이고. 모두 밤나방에 속하지. 저쪽에도 비슷한 아이가 있구나. 오, 은무늬갈고리밤나방이네.

영서 금도 있고 은도 있고, 북방갈고리나방은 갈색이니 동이라고 치면…… 금메달, 은메달, 동메달이 다 있는 거네요. 요 녀석들이 밤에 올림픽 경기를 치렀나 보다, 헤헤. 앞으론 이 나

금빛갈고리밤나방

북방갈고리밤나방

은무늬갈고리밤나방

작은갈고리밤나방

붉은갈고리밤나방(이른 아침에 본 모습)

붉은금무늬밤나방

방들을 올림픽 메달나방이라고 불러야겠어요.
새벽들 멋진 별명이구나. 역시 영서의 상상력은 대단해, 하하. 이 나방들은 주로 밤에 활동하니까 나방을 관찰하려면 밤이 제격이지. 가끔 흐린 날이나 새벽에 이슬이 내릴 때도 관찰하기가 좋아. 이슬이 맺힌 이른 아침에 만나는 나방은 느낌이 또 다르거든.
진욱 여기도 금메달이 있어요. 어, 조금 다른 거 같기도 하고…….
새벽들 그건 비슷하게 생겼지만, 붉은금무늬밤나방이라고 해. 갈고리라는 말이 빠졌지? 이런 나방 무리를 은무늬밤나방이라고 하는데, 금무늬도 있고 은 무늬도 있고 갈색 무늬도 있단다. 비슷비슷하면서 조금씩 달라. 찾아서 같이 비교해 보면 어떤 점이 비슷한지, 어떤 점이 다른지 알 수 있을 거야. 이렇게 비슷한 나방들을 서로 비교하는 것도 관찰의 재미지. 그리고 알락밤나방 무리는 이름에 '은무늬'가 없지만 같은 무리에 속해. 예를 들면 쐐기풀알락밤나방이 그렇지.

은무늬밤나방

쐐기풀알락밤나방

긴금무늬밤나방

양배추은무늬밤나방

국화은무늬밤나방

콩은무늬밤나방

진욱 여기 핑크색 나방이 있어요. 이런 색깔 나방도 다 있다니! 정말 신기해요.

영서 와, 예쁘다! 머리에 달고 다니면 완전 좋겠는데? 아냐, 모자에 붙여도 되겠어. 정말 예뻐요. 핑크색 나방이 있을 거라곤 생각도 못했어요. 정말 신기해요.

새벽들 정말 핑크색이구나. 얼마나 예쁘면 신부라는 이름을 붙였을까. 정확하게는 신부짤름나방이지. 정말 새색시처럼 예쁘구나.

신부짤름나방

진욱 짤름요? 무슨 뜻이에요?

새벽들 날개가 보통 나방들과는 조금 다르게 생겼어. 근처에 있는 다른 짤름나방을 찾아서 비교해 보자.

자, 어때? 날개가 완전히 다르게 생겼지? 날개 끝이 잘린 것 같다고 해서 짤름나방이라고 해. 여느 나방들보다 날개가 조금 짧다는 뜻이기도 하지. 여러 종이 있지만 모두들 날개에 특징이 있는 나방들이란다. 아참, 조금 전에 봤던 올림픽 메달나방들 있지? 갈고리밤나방이라고 했던 나방들. 그 나방들도 밤나방과 짤름나방 무리에 속한단다. 이렇게 짤름나방 무리에 속하는 나방들은 여느 나방과는 독특한 점이 있지. 그렇지만 짤름나방 무리 중에는 이름에 '짤름'을 붙이지 않는 것도 있어. 날개도 눈에 확 띄게 표시가 안 나는 나방들도 있고. 어렵지만 그래도 알아두면 좋겠지?

산그물무늬짤름나방

앞점노랑짤름나방

붉은띠짤름나방

별박이짤름나방

떠들석짤름나방

세줄짤름나방 밤나방과 줄수염나방 무리에 속하지만 이름에 짤름이 있어 여기 싣고 함께 비교한다.

이름에 '짤름'이 없는 짤름나방 무리

비로드잎밤나방

붉은잎밤나방

무궁화잎밤나방

네눈검정잎밤나방

사랑밤나방

큰목검은밤나방

주황얼룩무늬밤나방

흰줄썩은잎밤나방

영서 여기도 핑크색 나방이 있어요. 눈에 확 띄는데요? 이 아이는 작기는 하지만 날개가 짧름나방들과는 다르네요. 그냥 우리가 아는 그런 날개예요. 핑크나방이라고 불러야겠어요.

새벽들 오늘은 예쁜 나방이 많구나. 영서가 나방 보는 게 지루하다고 하니까 특별히 나방 나라에서 예쁜 아이들만 나왔나 보다. 하하. 자, 이참에 우리 작고 예쁜 나방들을 더 찾아보자.

진욱 여기 붉은색 점무늬가 있는 나방도 있고, 꽃무늬가 있는 나방도 있어요. 노란 날개에 갈색 무늬가 멋진 나방도 있고요.

새벽들 와, 정말 나방들이 색도 무늬도 모양도 모두 개성 만점들이네. 작지만 참 아름답구나. 아니, 작아서 더 아름다운 나방들이네. 분홍애기자나방도 있고, 꽃꼬마밤나방도 있고, 점분홍꼬마밤나방도 있구나.

영서 크기가 작아서 '애기'와 '꼬마'라는 이름을 붙였군요. 진짜 꼬마 숙녀들 같아요.

새벽들 오, 날카로운데? 맞아. 자나방보다 조금 작은 나방들을 애기자나방이라고 하고, 밤나방보다 조금 작은 아이들은 꼬마밤나방이라고 부른단다. 이제 영서가 전문가가 다 됐구나. 자, 같이 비교하면서 알아보면 지루하지 않을 거야. 참 예쁜 나방들이거든.

분홍애기자나방

꽃꼬마밤나방

점분홍꼬마밤나방

멧꼬마밤나방

우리 주변에서 볼 수 있는 꼬마밤나방 무리

줄무늬꼬마밤나방

흰점꼬마밤나방

넓은띠흰꼬마밤나방

아리랑꼬마밤나방

꽃무늬꼬마밤나방

노랑쌍무늬꼬마밤나방

팥혹점꼬마밤나방

벼애밤나방

앞노랑꼬마밤나방(낮)

우리 주변에서 볼 수 있는 애기자나방, 애기가지나방들!

기생애기자나방

회색애기자나방

큰애기자나방

줄노랑흰애기자나방

점줄흰애기자나방

홍띠애기자나방

넉점물결애기자나방

넓은홍띠애기자나방

노랑띠애기자나방

물결애기자나방

앞노랑애기자나방

네점애기자나방

꼬마노랑가지나방

구름애기가지나방

보라애기가지나방

네눈애기가지나방

진욱 여기에는 연두색 나방도 있고, 노란색에 갈색 얼룩무늬가 있는 나방도 있어요. 이 나방들도 이름에 애기나 꼬마를 붙였을 것 같네요.

새벽들 진욱이가 용하게 잘 찾았구나. 얘들아, 혹시 푸른자나방들 기억하니? 초록색 날개를 가진…… .

진욱 네, 기억해요. 그럼 얘네들도 푸른자나방인가요?

새벽들 날개 색이 비슷하기는 하지만 아니야. 이 녀석들은 푸른밤나방이라고 하지.

영서 아하, 애벌레에 배다리가 모두 있는 나방들요? 자나방 애벌레인 자벌레는 배다리가 한 쌍뿐이라고 하셨잖아요.

새벽들 와, 기억력이 대단한걸? 맞아. 그 밤나방 중에서 특별히 이렇게 날개가 연두색을 띠는 아이들을 푸른밤나방 무리라고 한단다. 작고 예쁜 나방들이지. 저기 있는 녀석은 날개에 분홍색 무늬가 있어 분홍무늬푸른밤나방이라 하고, 그 옆에 있는 나방은 붉은가밤나방이라고 해. 이름에 '푸른'이 없어도 푸른밤나방 무리지. 영서가 말한 연한 노란색 날개에 붉은 갈색 얼룩무늬가 있는 녀석도 푸른밤나방 무린데 붉은무늬갈색밤나방이라고 하지. 애기밤나방도 푸른밤나방 무리고. 좀 헷갈리지? 아저씨도 그래. 나방들에 대한 자료와 연구가 아직 부족해서 아저씨가 아는 건 여기까지야. 왜 같은 푸른밤나방인데 이름이 이렇게 다른지는 더 연구

분홍무늬푸른밤나방

붉은가밤나방

붉은무늬갈색밤나방

애기밤나방

쌍줄푸른밤나방 크기를 짐작할 수 있다.

해야겠지…….

진욱 얘도 푸른밤나방인가요? 어, 날개에 하얀색 줄이 있어요. 날개돋이한 지 얼마 안 됐는지 날개가 참 깨끗해요. 너무 또렷해서 기분이 다 좋아져요.

새벽들 그래, 쌍줄푸른밤나방이구나. 연두색 날개에 하얀색 줄무늬가 두 줄 보이지? 그래서 이름에 '쌍줄'이라는 낱말을 붙였어. 네 말대로 얼마 전에 날개돋이를 했나 보다. 이 녀석은 고치도 초록색이란다. 나뭇잎에 붙여서 고치를 만드는데 모양도 신기하지. 주로 참나무 종류의 잎을 먹는 애벌레는 몸에 하얀색 무늬가 뚜렷하단다. 자세히 보면 배다리도 보이는데 마치 하얀색 신발을 신은 것 같지.

영서 정말이네요. 하얀색 신발을 신었어요. 바쁠 땐 좀 힘들겠네요. 신발을 여덟 개나 신고 나가야 하니까, 헤헤.

쌍줄푸른밤나방 고치 모양이 독특하다.

쌍줄푸른밤나방 애벌레 하얀색 신발을 신고 다니는 것 같다.

새벽들 뭐라고? 하하하. 정말 못 말려. 쌍줄푸른밤나방과 비슷하지만 몸이 황갈색 털로 덮여 있는 큰쌍줄푸른밤나방도 있어. 자세히 보면 날개에 있는 줄무늬 개수가 더 많지.

진욱 이 나방은 색도 요상하고 무늬도 요상해요. 이걸 무슨 색이라고 해야 하나요? 하얀색 줄무늬 사이에 동그란 무늬가 참 멋있어요.

새벽들 담홍색이라고 해. 자줏빛이 도는 연한 분홍색이라고 할 수 있지. 갈색과는 좀 다른 느낌이지? 이 녀석이 좀 더 크면 아마 동그란 무

큰쌍줄푸른밤나방

늬는 선명한 갈색을 띠고, 하얀색 줄무늬는 담홍색을 띨 거야.

영서 그냥 비엔나커피 같은데요. 엄마가 마시는 걸 봤는데, 이런 색이던데……. 커피 묻은 아이스크림색, 헤헤.

새벽들 오, 영서 말이 더 정확한 거 같구나. 그럼 우리 이 나방을 비엔나커피나방이라고 부르자, 하하. 원래 이름은 애기담홍뾰족날개나방이야.

흰뾰족날개나방

홍백띠뾰족날개나방

멋쟁이뾰족날개나방

애기담홍뾰족날개나방

좁은뾰족날개나방

영서 애기 뭐요? 이름이 너무 길고 어려워요.

새벽들 날개 끝이 보통 나방들과 달리 조금 뾰족해 보여서 뾰족날개나방이라는 이름을 붙인 것 같아. 다른 뾰족날개나방도 보면 이 나방과 날개 끝이 비슷하지.

영서 이름도 길고 발음하기도 어려워요. 그냥 전 뾰족이나방이라고 부를게요.

진욱 저도요, 헤헤.

영서 아저씨, 혹시 쟤도 나방이에요? 저기 작은 주황색요.

넓은뾰족날개나방

새벽들 어디? 난 안 보이는데…….

영서 여기요, 여기 이 작은 주황색이요. 너무 작아서 안 보이시나 보다.

진욱 나방 같은데, 작기는 작다. 아저씬 노안이라서 잘 안 보일걸?

새벽들 안 되겠다. 사진을 찍어서 액정으로 보자. 오, 진짜 아름다운 주황색이구나. 매끈이원뿔나방이라는 나방이란다. 작아서 그냥 지나치기 쉬운데, 잘 찾았구나.

영서 여기도 있어요. 이 아이도 정말 작아요. 어, 날개에 하얀색 줄무늬와 점무늬가 있어요. 정말 예뻐요.

새벽들 그 녀석은 구슬무늬원뿔나방이라고 한단다. 낮에 자주 보이는 젤러리원뿔나방과 같은 원뿔나방과에 속하지. 너무 작아서 아직 이름 외에는 별로 알려진 게 없는 나방들이야.

진욱 여기에 있는 작은 나방들도 원뿔나방이에요?

새벽들 어디 보자. 맞구나. 모두 원뿔나방들이란다. 도둑원뿔나방, 애기원뿔나방, 북방원뿔나방, 통말이원뿔나방이라 부르는 녀석들이구나.

진욱 자세히 보니 작은 나방들이 엄청 많네요. 이 아이들도 이름이 다 있겠죠?

새벽들 자세히 연구되지 않는 나방들이 워낙 많아서 이름을 다 부를 수 없겠는걸. 어디 보자, 몇 녀석들은 이름을 불러 줄 수 있겠어.

매끈이원뿔나방

구슬무늬원뿔나방

젤러리원뿔나방

도둑원뿔나방	애기원뿔나방	북방원뿔나방
통말이원뿔나방	솔피원뿔나방	노랑날개원뿔나방
우묵날개원뿔나방 짝짓기	세미창날개뿔나방(창날개뿔나방과)	흰더듬이뿔나방(창날개뿔나방과)

반노랑판날개뿔나방(판날개뿔나방과)

극동삼각수염뿔나방(뿔나방과)

애삼각수염뿔나방(뿔나방과)

갈색뿔나방(뿔나방과)

종가시뿔나방(뿔나방과)

가루남방뿔나방(뿔나방붙이과)

큰점남방뿔나방(뿔나방붙이과)

은날개남방뿔나방(뿔나방붙이과)

영서 와, 이렇게 작은 아이들에게도 이름이 다 있네요. 그럼 이런 작은 나방들을 모두 뿔나방이라고 부르면 되나요?

새벽들 그러면 얼마나 좋겠니? 하지만 모두는 아니란다. 작아도 나름대로 다 개성과 특징들이 있어 분류 기준을 따라야 해. 그러니까 과도 다르고 이름도 다른 거지. 이렇게 작은 나방 중에는 꼭지나방도 있고 좀나방도 있고 애기비단나방도 있고 포충나방도 있단다. 작기는 하지만 조금만 관심을 가지면 우리 주변에서 어렵지 않게 볼 수 있는 나방들이지.

은빛포충나방(포충나방과)

우리 주변에서 볼 수 있는 작은 나방들

얼룩포충나방(포충나방과)

줄은빛포충나방(포충나방과)

쌍무늬포충나방(포충나방과)

총채다리꼭지나방(*Heliodinidae*과, 국명 미정)

열매꼭지나방(감꼭지나방과)

붉은꼬마꼭지나방(감꼭지나방과)

노랑꼭지나방(감꼭지나방과)

두무늬좀나방(곡식좀나방과)

큰점무늬좀나방(곡식좀나방과)

배추좀나방(집나방과)

창포그림날개나방(그림날개나방과)

짝짓기하는 두점애기비단나방(애기비단나방과)

진욱 아저씨, 저기 있는 저건 뭐예요? 누가 저렇게 잎을 말아 놓았을까요?

영서 정말? 누군지 정말 잘 말아 놨네. 누굴까?

새벽들 음, 아저씨도 정확하게는 누가 만들었는지 몰라. 언젠가 잎말이나방 애벌레가 만든 거라는 이야기는 들었지만 확실하지는 않아. 제일 좋은 방법은 속에 들어 있는 애벌레를 키워 보는 건데…….

진욱 잎말이나방이요? 어른벌레가 잎을 말 리는 없고, 애벌레가 잎을 마나요?

새벽들 그렇지. 애벌레가 여러 나무의 잎을 말고 그 속에서 생활해서 잎말이나방이라는 이름을 붙였단다. 돌돌 말기도 하고 입에서 실을 토해내 나뭇잎을 접기도 하고……. 방금 전에 말한 작은 나방 중에서 포충나방이라는 이름 기억하니? 포충나방의 이름에도 애벌레가 잎을 감싸서 집을 만들고 그 속에서 사는 나방이라는 뜻이 있단다. 포(包) 자가 '싸다'라는 뜻이거든.

영서 신기하게 사는 나방들이 참 많아요. 잎말이나방은 어떻게 생겼어요?

새벽들 어디 보자. 옳지, 저기 있구나. 저기 작은 나방 보이니? 날개에 넓은 노란색 띠가 있는 녀석 말이다.

영서 네, 보여요. 아주 작은 나방이네요. 저 나방이 잎말이나방인가요?

새벽들 잎말이나방보다는 조금 작아서 애기잎말이나방이라고 한단다. 노랑줄애기잎말이나방이지. 아, 그 옆에 날개에 독특한 무늬가 있는 나방 보이지? 납작한 나방 말이야. 그 녀석이 바로 잎말이나방이란다. 번개무늬잎말이나방이라고 해.

영서 이름이 참 어려워요.

새벽들 아저씨도 그래. 나방하고 이름이 잘 연결되지도 않고, 외워지지도 않고. 그래도 이렇게 너희와 멋진 나방을 보면서 이야기를 나누니까 아저씬 아주 신나는데, 너희는 어때?

진욱 저희도 그래요, 헤헤.

영서 우리 같이 신나니까 그 기념으로 간식 좀 먹을까요? 헤헤.

잎말이나방류 애벌레집

잎말이나방류 애벌레

우리 주변에서 볼 수 있는 애기잎말이나방들!

노랑줄애기잎말이나방

참노랑줄애기잎말이나방

검정날개애기잎말이나방

귀룽큰애기잎말이나방

흰갈퀴애기잎말이나방

네줄애기잎말이나방

반달애기잎말이나방

밤애기잎말이나방

괴불왕애기잎말이나방

해당화애기잎말이나방

느릅나무애기잎말이나방

노랑무늬애기잎말이나방

보리수애기잎말이나방

우리 주변에서 볼 수 있는 잎말이나방들!

낙엽꼬마잎말이나방

사과잎말이나방

아스콜드잎말이나방

애기사과잎말이나방

리치잎말이나방

흰꼬리잎말이나방

크리스토프잎말이나방

번개무늬잎말이나방

치악잎말이나방

흰색잎말이나방

애모무늬잎말이나방

흰머리잎말이나방

버찌가는잎말이나방

뿔날개잎말이나방

감나무잎말이나방

뒷노랑잎말이나방

보름달

영서 달이 참 밝아요. 맛있는 간식을 먹고 나니까 이제 달이 보여요. 저렇게 달이 밝았어요?

새벽들 정말 달이 참 밝구나. 멋진 밤이다.

진욱 어, 아저씨 말씀 중에 죄송해요. 저기 너무 예쁜 나방이 있어서. 보름달처럼 노란 나방이에요.

영서 어디? 와, 진짜다. 그런데 난 어째 달걀 노른자처럼 보이냐? 아직도 배가 고픈가?

새벽들 뭐라고, 하하하. 명나방이구나. 너희 말대로 노란색이구나. 보름달이든 달걀 노른자든······, 하하.

영서 아하, 그래서 명나방이구나. 명나방의 명은 틀림없이 밝을 명(明) 자일 거야. 맞죠?

구름무늬들명나방

새벽들 땡! 나도 처음엔 그런 줄 알았지. 그런데 자료를 찾아보니까 명 자가 밝을 명(明) 자가 아니라 마디충 명(螟) 자더구나.

영서 마디충이요?

새벽들 그래. 벼처럼 생긴 식물의 줄기 마디나 속을 파먹는 곤충을 말하는데, 아마 이 나방의 애벌레 특성에서 따와 붙인 이름 같아. 영어 이름 중에도 Meal(곡식) moth(나방)라는 게 있는데 비슷한 의미로 붙인 것 같아.

영서 우, 괜히 말했다가 창피만 당했네. 그래도 전 저 나방이 보름달처럼 빛나는 나방 같아요.

진욱 여기 있는 이 나방도 명나방인가요? 무늬만 다르지 비슷한 느낌이에요. 그 옆에도 있어요.

영서 여기도 있어요. 찬찬히 보니 명나방들이 많네요.

새벽들 주변에서 대체로 쉽게 볼 수 있는 나방이란다. 몇몇 종은 낮에도 볼 수 있고. 자, 천천히 살펴보자. 자꾸 보다 보면 명나방들의 특징이 보일 거야.

물명나방 무리
(포충나방과 물명나방아과)

들명나방 무리
(포충나방과 들명나방아과)

흰물결물명나방

여덟무늬들명나방

뒷무늬노랑물명나방

노랑무늬들명나방

네점노랑물명나방

각시뾰족들명나방

| 앞노랑무늬들명나방 | 큰점노랑들명나방 | 애기무늬들명나방 |

| 세줄꼬마들명나방 | 울릉노랑들명나방 | 얼룩애기들명나방 |

| 띠무늬들명나방 | 외줄들명나방 | 외줄들명나방(짝짓기) |

| 말굽무늬들명나방 | 알락흰들명나방 | 네줄들명나방 |

줄검은들명나방

회양목명나방

진도들명나방

포도들명나방

꽃날개들명나방

노랑애기들명나방

큰각시들명나방

흰얼룩들명나방

네눈들명나방

뒤흰들명나방

콩잎말이명나방

앞붉은들명나방

금빛세줄들명나방

깃노랑들명나방

애기흰들명나방

날개검은들명나방

닥나무들명나방

점알락들명나방

진욱 명나방이 엄청 많아요. 이렇게 많은 줄 몰랐어요. 그런데 참 예쁜 나방 같아요.

영서 어, 아저씨 저건 뭐예요? 혹시 저것도 잎말이나방 애벌레가 만든 건가요?

새벽들 어디 보자. 오, 저건 잎말이나방이 아니라 명나방 애벌레가 만든 거란다. 명나방 애벌레들 중에는 저렇게 잎을 말아서 사는 녀석도 있고 별박이자나방하고 비슷하게 거미줄 같은 걸 먹이 식물 전체에 걸쳐놓고 그곳에서 무리 지어 사는 녀석도 있단다.

줄붉은들명나방 애벌레 고삼이라는 식물에서 무리 지어 살고 있다.

갈대노랑들명나방 애벌레 갈대 잎을 말아 놓고 그 속에서 살고 있다.

진욱 와, 여기 핑크나방이 또 있어요. 영서가 아주 좋아하는 핑크나방이요.

영서 어디? 와! 정말이네. 핑크색 날개에 노란 줄무늬가 아주 예쁘다. 핑크나방이면 이 나방도 애기나 꼬마 무슨무슨 나방인가요?

새벽들 오, 참 예쁜 나방이구나. 영서가 말한 애기자나방이나 꼬마밤나방과 비슷하기는 하지만 이 녀석도 명나방에 속한단다. 특별히 비단명나방이라고 부르지. 정확한 이름은 노랑띠애기비단명나방이란다.

비단명나방 무리
(명나방과 비단명나방아과)

쥐빛비단명나방

두줄명나방

노랑띠애기비단명나방

노랑눈비단명나방

영서 진짜 날개가 비단 같아요. 이름 한번 잘 지었네, 헤헤.

새벽들 잘 찾아보면 이렇게 생긴 비단명나방들이 몇 종 보일 거야. 우리 천천히 찾아볼까?

은무늬줄명나방

밀가루줄명나방

노랑꼬리뾰족명나방

큰홍색뾰족명나방

검은점뾰족명나방

영서 여기도 있어요. 어, 그런데 좀 다른 것 같아요. 얘도 비단명나방이에요?

새벽들 잘 찾았구나. 비슷하기는 하지만 그 녀석은 비단명나방이 아니라 집명나방이라고 한단다. 언젠가 붉나무에서 집명나방의 애벌레들을 본 적이 있었는데 아까 말한 줄붉은들명나방의 애벌레처럼 무리 지어 살고 있더구나. 작지만 나름대로 멋진 개성이 있는 나방들이지. 무늬가 멋진 흰무늬집명나방 애벌레나 푸른빛집명나방 애벌레를 보면 무늬와 색 때문에 금세 반하고 말아.

줄보라집명나방 　　　　　흰무늬집명나방

밑검은집명나방　　갈색집명나방　　날개끝검은집명나방

녹색집명나방　　네점집명나방　　흰무늬집명나방붙이

흰무늬집명나방 애벌레

푸른빛집명나방 애벌레

140

붉나무에 무리 지어 살고 있는 벼슬집명나방 애벌레와 어른벌레

진욱 여기도 핑크나방이 있어요. 오늘은 왜 이렇게 핑크나방들이 많은 거야. 그런데 몸이 완전히 다르게 생겼어요. 이건 무슨 나방인가요?

새벽들 그 녀석도 명나방 종류란다. 알락명나방인데 정확한 이름은 앞붉은명나방이야. 옳지, 그 옆에도 있구나. 줄노랑알락명나방과 큰솔알락명나방이란다. 알락이란 본바탕에 다른 빛깔의 점이나 줄 따위가 조금 섞인 것을 가리키거든.

영서 휴, 알락이고 뭐고 정말 정신이 하나도 없어요. 알록달록이 아니라 오락가락이네요. 나방이 너무 많아서 정신이 오락가락해요.

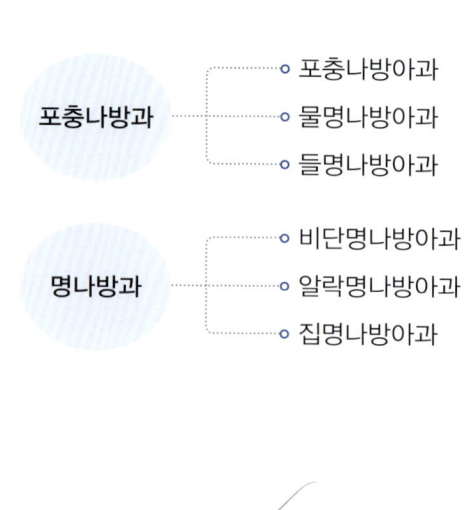

두흰점알락명나방

큰솔알락명나방

줄노랑알락명나방

앞붉은명나방

배잎말이알락명나방

통마디알락명나방

진욱 저도요. 알락나방이 아니라 오락가락나방들이에요.

새벽들 아저씨도 너무 많이 봐서 오락가락한다. 자, 오늘은 여기서 정리하자. 달도 밝은데 마당에 모닥불 피워 놓고 군고구마, 어때?

영서, 진욱 네, 좋아요!

고구마

영서 아저씨, 여기 와 보세요. 진욱이랑 테라스에서 이야기하고 있는데 바닥에 이 나방이 있었어요. 이상하게 생겼어요. 날개는 나뭇잎 모양이고 몸이 엄청 뚱뚱해요. 얘는 뚱뚱해서 날지 못할 것 같아요. 무슨 나방인가요?

새벽들 녀석들…… 쉬는 줄 알았는데, 나방 관찰하고 있었구나. 기특한지고, 하하하. 어디 보자. 이 나뭇가지에 올려놓고 살펴보자. 그러면 좀 더 다양한 모습이 보일 거야. 날개가 정말 나뭇잎처럼 생겼구나. 버들나방이라고 부른단다. 솔나방과지.

영서 버들나방이요?

진욱 솔나방과요?

새벽들 아이고, 하나씩 물어 보렴. 이 녀석의 애벌레가 주로 버드나무 종류를 먹어서 버들나방이라고 한단다. 그리고 이 나방이 속한 과가 솔나방과고. 솔나방과는 이 과에 속하는 솔나방이나 솔송나방이 소나무 같은 바늘잎나무를 먹어서 붙인 이름이겠지. 솔나방 애벌레를 송충이라고 하는데, 들어 봤니?

진욱 네. 털이 엄청 많은 애벌레죠? 엄마가 무지 싫어해요. 보기만 하면 징그럽다고 소릴 질러요.

새벽들 맞아, 털이 많고 큰 애벌레지. 옛날에는 이 나방의 애벌레, 그러니까 송충이라는 애벌레가 정말 많았단다. 오죽했으면 송충이잡기 숙제가 있었겠니? 게다가 송충이는 《조선왕조실록》에도 기록되어 있는 역사적인 애벌레란다.

영서 네? 그렇게 유명해요?

새벽들 응. 《조선왕조실록》(숙종 29~30년, 1703~1704년)에 보면 "송충 구제를 위해 군대까지 동원"되었다는 기록이 있단다.

버들나방

진욱 와, 대단하네요! 어, 저기도 비슷한 나방이 있어요. 쟤도 버들나방인가요?

새벽들 어디…… 대나방이구나. 버들나방과 같은 솔나방과에 속하지.

영서 대나방이요? 애벌레가 너무 커서 대(大)나방인가?

새벽들 애벌레가 크기는 하지만…… 커서가 아니라 대나무나 조릿대, 억새 같은 걸 주로 먹어서 대나무의 대 자를 붙여 지은 이름이야. 녀석의 애벌레도 송충이처럼 털이 무척 많고 크지.

영서 으~ 쟤는 누구예요? 저기 기어가는 애벌레요. 털이 엄청 많아요. 혹시 송충이?

대나방 어른벌레와 애벌레

진욱 와, 털이 정말 길어요. 그런데 자세히 보니까 앞에 파란색 무늬가 있어요. 나름 멋있는데요.

새벽들 섭나방 애벌레구나.

영서 섭나방이요? '섭'이 뭐예요?

섭나방 애벌레

새벽들 글쎄다, 아저씨도 잘 모르겠어. 다만 추측만 하고 있지. 이 나방의 다른 이름은 참나무나방인데, 주로 참나무 종류의 잎을 먹어서 붙였지. 자료를 찾아보니 사과나무 잎도 먹는다는구나. '섭'은 '섶'에서 온 말 같아. 섶나무란 땔감으로 쓰는 나무를 말하거든. 참나무 종류가 땔감으로 많이 쓰여서 그 나뭇잎을 먹는 나방을 섶나방이라고 하다가 섭나방이 된 게 아닌가 추측하고 있지. 이 녀석도 솔나방과란다.

진욱 혹시 쟤가 섭나방 어른벌레 아니에요?

새벽들 어디? 쟤는 솔송나방이라고 한단다. 솔나방과 비슷한 녀석이지. 애벌레가 소나무과에 속하는 솔송나무 잎을 먹어서 붙인 이름이야.

솔송나방

솔나방

영서 어, 여기도 비슷한 나방이 있어요. 더듬이를 보니까 암컷과 수컷인데요.

새벽들 대만나방이라고 한단다. 역시 솔나방과야. 대만에서 처음 발견되어 옛날에는 타이완나방이라고도 불렀지. 이 녀석은 크기도 크기이지만 독특한 식성으로 사람들에게 더 많이 알려진 나방이란다.

영서 독특한 식성이라면…… 뭘 먹는데요?

새벽들 신기하게도 이 녀석 애벌레는 은행나무 잎을 먹는다고 해. 은행나무 잎은 폴라보노이드라는 성분으로 살균, 살충 작용이 강해서 다른 곤충이나 동물들은 잘 안 먹거든. 그렇다고 녀석이 은행나무 잎만 먹는 건 아니야. 층층나무 잎을 맛있게 먹는 모습이 종종 보이거든.

대만나방 수컷　　대만나방 암컷

대만나방

대만나방 애벌레 층층나무 잎을 먹고 있다.

진욱 아저씨, 저기 보세요. 저 나뭇잎에요. 큰 나방이 한 마리 붙어 있어요. 지금까지 본 나방들과 비슷하네요.

새벽들 오, 사과나무나방이구나. 저 녀석도 솔나방과란다. 오늘은 솔나방 식구를 많이 만나는걸.

영서 사과나무나방이요? 애벌레가 사과나무를 먹나 보죠?

새벽들 사과나무 잎을 먹기도 하지만 상수리나무 같은 참나무 종류나 벚나무, 돌배나무 잎도 먹는다고 알려져 있어.

진욱 아저씨, 여기 바닥에도 있어요. 수컷인가 봐요. 더듬이가 빗살 모양이에요.

영서 으~ 여기, 관찰 텐트에 나방이…… 배가 이상해요. 어, 알 같은데? 어떡해요. 다친 것 같아요.

새벽들 어디? 저런 다쳤구나. 뭔가에 밟힌 것 같은데…… 알을 낳다가 그렇게 된 것 같구나. 혹시 우리가 관찰한다고 다니다가 녀석을 못 보고 밟았는지도 모르겠다. 그래서 항상 조심

사과나무나방

148

해야 해. 관찰도 중요하지만 우리 때문에 생물들이 다치면 안 되니까. 자, 조심스럽게 저 나무 위에 올려 주자.

진욱 네.

영서 어, 그런데 알을 낳는 중이라면 암컷이잖아요. 그런데 더듬이가 빗살 모양이에요.

새벽들 솔나방과 나방들은 암수 모두 더듬이가 빗살 모양이란다. 암컷이 조금 짧지. 자, 조심해서 나뭇잎에 올려 주고 오자.

새벽들 자, 밤이 깊었으니 이젠 자야 할 시간이다. 아저씨는 좀 더 지켜보다가 잘게. 새벽에 어떤 녀석들이 오는지 궁금하거든. 먼저 자거라. 덥다고 이불 차지 말고, 새벽에는 쌀쌀하니까 창문도 닫고…….

영서 네, 먼저 잘게요.

진욱 아저씨도 너무 오래 계시지 말고요. 어, 아저씨 여기 나방이 한 마리 있어요. 날개 무늬가 독특해요.

새벽들 어디? 창나방이구나.

진욱 창나방이요?

새벽들 그래. 창나방과의 기본종이지. 아무 꾸밈말도 붙지 않는 창나방이야. 낮에 활동하는 나방을 설명할 때 깜둥이창나방이라는 녀석 이야기를 했는데, 혹시 기억하니? 그 녀석과 같은 창나방과에 속한단다. 창나방에는 낮에 활동하는 녀석이 있는가 하면, 이렇게 밤에 불빛에 끌려서 오는 녀석도 있어. 창나방 중에 점무늬큰창나방이라는 녀석이 있는데, 애벌레 때 나뭇잎을 꽃처럼 돌돌 말고 그 속에 숨는 독특한 습성이 있지. 밤에 종종 보이는 그물무늬창나방도 있고.

영서 아니요, 나방을 너무 많이 봐서 뭐가 뭔지 하나도 모르겠어요. 온통 머릿속에 나방들이 빙글빙글 맴돌아요.

새벽들 오구, 왜 아니겠니? 아저씨도 그래, 하하하. 자, 그럼 먼저 들어가거라. 이불 덮…….

영서 아, 알았어요. 으, 이불 덮고, 창문 닫고. 맞죠? 창나방 생각하면서 창문 꼭 닫을게요, 헤헤.

새벽들 그래, 내일 보자. 하하하.

창나방

점무늬큰창나방 애벌레

그물무늬창나방

그물무늬창나방 앞모습

털털이와 꿈틀이

매미나방 애벌레

새벽들 자, 오늘도 신나는 밤 숲 탐사를 시작해 볼까? 오늘은 여기저기 천천히 살피면서 올라가 보자. 관찰 텐트나 천에 잘 안 모이는 애벌레들도 찾아보면서 말이야.

영서 아저씨, 저하고 진욱이가 어제 애벌레들 별명을 만들었는데 한번 들어 보실래요?

진욱 아니, 저희가 별명을 말하면 아저씨가 무슨 나방인지 맞혀 보세요.

새벽들 좋아. 어디 들어 볼까?

영서 먼저, 털털이.

새벽들 어제 본 솔나방 애벌레. 일명 송충이!

진욱 딩동댕. 다음은 척척이.

새벽들 척척이? 아하, 자나방과 애벌레. 척척척 하고 몸을 접으면서 가니까. 맞지?

영서 와, 그럼 왕뿔이는요?

새벽들 왕뿔이? 에이, 그건 쉽다. 박각시과 애벌레. 배 끝에 뿔 같은 돌기가 있으니까.

진욱 역시. 그럼…… 꿈틀이는요?

새벽들 그건…… 옳지, 밤나방과 애벌레. 배다리로 꿈틀꿈틀…… 그렇지?

영서 와, 다 맞히셨네요. 자, 그럼 삐죽이는요?

새벽들 삐죽이? 삐죽이가 뭘까? 삐죽삐죽…… 영서! 영서는 잘 삐지니까, 하하하.

영서 에이, 아저씨도. 제가 언제 삐진다고……. 정답은 진욱이를 쏜 쐐기나방입니다.

새벽들 야, 너희들 대단하다. 앞으로 어려운 애벌레 이름 말고 이렇게 불러야겠구나. 정말 좋은걸? 하하하. 털털이, 꿈틀이, 척척이, 왕뿔이 그리고 삐죽이. 좋아, 정말 좋아. 하하하.

진욱 아저씨, 저기 갈대 잎에 노란 털털이가 있어요. 아주 예뻐요. 털털이는 만지면 안 되죠?

새벽들 그래, 만지진 마라. 우리 좀 더 가까이 가서 관찰해 보자.

영서 와, 몸은 털털인데. 다리는 꿈틀이네요.

새벽들 그렇구나. 잎이 벼처럼 생긴 식물을 '사초'라고 하는데 저 녀석이 이 사초를 잘 먹어서 사초독나방이라는 이름을 붙였단다. 갈대 잎을 아주 맛있게 먹고 있구나. 아작아작 소리가 들리는 것 같잖니?

진욱 독나방이요? 그럼 독을 쏘나요? 아니면

사초독나방 애벌레

독이빨 같은 게 있나요?

새벽들 저 털을 만지면 가려움증이나 두드러기 같은 알레르기 증상이 나타나는데 그 때문에 독나방이라는 이름을 붙였지. 불나방과 함께 대표적인 털털이들이야. 만지지만 않으면 괜찮으니까 걱정하지 않아도 된단다.

영서 독나방이 진짜 있구나. 전 사람들이 그냥 무섭게 생긴 나방을 보고 독나방이라고 하는 줄 알았지, 진짜로 있는 줄은 몰랐어요.

진욱 독나방 애벌레들은 모두 저렇게 털털이들인가요?

새벽들 그렇단다. 대부분 털털이들이지. 그리고 색깔이 화려한 애벌레도 많고. 이번 기회에 알아두면 좋겠지?

진욱 독나방 어른벌레는 어떻게 생겼어요? 왠지 무시무시하게 생겼을 것 같아요. 털도 많고 가시도 많고…….

영서 맞아, 그러니까 독나방이겠지.

새벽들 정말 그럴까? 보고 나면 아마 생각이 달라질걸?

독나방 애벌레

콩독나방 애벌레 붉은수염독나방 애벌레 꼬마독나방 애벌레

무늬독나방 애벌레 흰독나방 애벌레 사과독나방 애벌레

삼나무독나방 애벌레 삼나무독나방

영서 와, 다 왔다. 미리 설치해 놓으니까 편하네요. 곤충들이 많이 모였어요. 와, 예쁘다. 저기 하얀색 나방 보세요. 뽀송뽀송 솜털이 났네요. 고양이처럼 귀여워요. 만져 보고 싶을 정도로요.

새벽들 그 녀석이 바로 독나방 어른벌레란다. 하얀색 털로 덮여 있어서 흰독나방이라고 하지. 어때, 무시무시하니?

독나방

흰독나방

무늬독나방

진욱 이게 독나방이라고요? 생각했던 것과는 완전 달라요. 무시무시하기는커녕 귀엽기만 해요. 이름하고 너무 안 어울려요. 그치, 영서야?

영서 맞아. 그리고 생각보다 작아. 어, 옆에 있는 건 비슷하게 생겼는데 노란색이에요. 얘도 독나방인가요?

새벽들 그렇단다. 무늬독나방하고 꼬마독나방이지. 색과 모양은 비슷하지만 날개 무늬가 조금 달라.

꼬마독나방

진욱 이 나방은 다리에 털이 있어요. 날개는 삼각형처럼 보이고요. 앉아서 '앞으로 나란히' 하는 것 같아요. 더듬이가 빗살 모양인 걸 보니 수컷이네요.

영서 이 풀 위에도 똑같은 나방이 있는데. 더듬이가 실 모양이니까, 아니 다시 보니 빗살 모양이네. 진욱이가 본 것보다 털이 짧아요. 암컷인가요? 혹시 애도 독나방?

새벽들 맞아. 콩독나방이라고 하는데 너희 말대로 암컷과 수컷이 다 보이는구나. 영서가 말한 빗살 모양 더듬이지만 털 길이가 짧은 게 암컷이란다. 애벌레가 콩과 식물을 잘 먹어서 콩독나방이라고 하지만 상수리나무나 사과나무, 복숭아나무 같은 과실수 잎도 먹는단다.

진욱 그 옆에 앉아 있는 나방은 콩독나방과 똑같이 생겼는데 색깔만 달라요. 더 색이 진해요. 어, 무늬도 달라요. 애도 독나방인가요?

새벽들 어디? 포도독나방이구나. 암수 모두 더듬이가 빗살 모양이지만 빗살이 긴 것을 보니 수컷이네. 애벌레가 포도나무 잎을 즐겨 먹어서 포도독나방이라는 이름을 붙였지.

영서 와, 여기 하얀색 나방이 있어요. 애들은 독나방이 아닐 것 같아요. 털도 없고 무늬도 화려하지 않고. 세 마리나 있어요. 무슨 나방인가요?

콩독나방 암컷

콩독나방 수컷

포도독나방 수컷

새벽들 그 녀석들도 독나방이란다. 같은 하얀색이라고 하지만 자세히 보면 서로 다른 나방이 세 종류란다.

진욱 까만 점이 있는 나방이 두 마리…….

영서 그리고 검은색 'ㄱ'자 무늬가 있는 나방이 한 마리 있어요. 이 아이는 ㄱ자나방이네요, 헤헤.

새벽들 제대로 보았구나. 날개에 까만 점이 있는 나방은 상제독나방과 점흰독나방인데 자세히 보면 몇 가지 차이점이 있어. 하지만 이렇게 밤에 보면 비슷해 보여서 구별하기가 쉽지 않아. 영서가 말한 나방은 알파벳 'L'자 무늬가 있어 엘무늬독나방이라고 한단다.

영서 엘무늬독나방이라고요? 이름이 참 재미있네요. 이런 나방 이름만 있었으면 좋겠어요. A무늬, B무늬, C무늬 처럼요, 후후.

진욱 여기도 한 마리 있어요. 어, 그런데 다리 색이 달라요. 다리가 노란색 털로 덮여 있어요. 이 나방도 독나방인가요?

새벽들 진욱이가 제대로 관찰했구나. 다리가 노란색이라 황다리독나방이라고 부른단다. 우리가 조금만 관심을 가지면 알이나 애벌레, 번데기, 어른벌레를 모두 쉽게 볼 수 있는 흔한 나방이지. 애벌레가 층층나무 잎을 먹으니까 층층나무를 찾아보면 어렵지 않게 볼 수 있을 거야.

상제독나방 점무늬는 선명하게 보이기도 하고 안 보이기도 한다.

점흰독나방 얼굴과 다리가 하얗고, 까만색 점무늬가 있다.

엘무늬독나방 날개에 'L'자 무늬가 선명하게 있다.

황다리독나방 다리가 노란색 털로 덮여 있다.

층층나무 줄기에 있는 황다리독나방 알(이미 부화된 알이다)   황다리독나방 애벌레

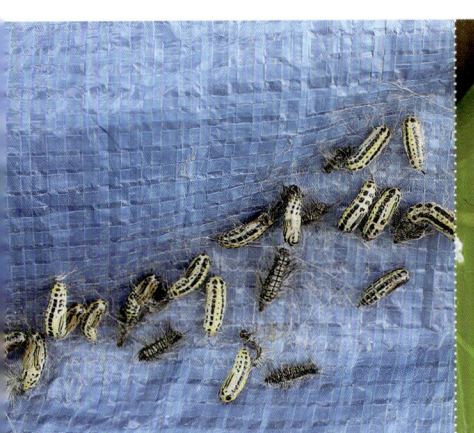

황다리독나방 번데기

막 날개돋이를 하고 있는 황다리독나방

황다리독나방

영서 저기 하얀색 나방이 붙어 있는데 뭘 하는 건가요? 혹시 알을 낳는 건가요?

새벽들 오, 맞아. 지금 암컷이 알을 낳고 있구나. 가까이 가서 보자.

영서 그런데 노란색 털 같은 건 뭐예요?

새벽들 암컷이 배 끝에 있는 털을 뽑은 거란다. 알로 겨울을 나야 하기 때문에 저렇게 털로 덮어서 보호하는 거야. 그 상태로 겨울을 나고 이듬해 봄이 되면 까만색 작은 애벌레가 알집을 뚫고 나오지. 보통 알을 300개 정도 낳는다고 하니까 애벌레가 나올 때 보면 알집이 새까맣게 보일 정도란다. 매미나방이라고 불러.

영서 매미나방이요? 왜요?

새벽들 나도 잘 몰라. 혹시 알집 모양이 매미를 닮아서일까? 매미나방은 알집을 단단한 나무나 벽, 철판 같은 데에 붙여 낳는데 멀리서 보면 매미 같기도 하거든. 영어로는 이 나방을 집시(Gipsy) 나방이라고 해.

진욱 집시요?

새벽들 응, 집시란 떠돌면서 사는 유랑 민족인데 이 나방의 수컷이 빠르게 돌아다니는 모습에서 집시를 생각했나 봐. 반면에 암컷은 거의 움직이질 않는단다.

영서 집시나방! 멋져요. 제 꿈이 세계 곳곳을

알을 낳고 있는 매미나방 암컷

나무에 붙어 있는 매미나방 알집 한 개에 알이 보통 300개 들어 있다.

여행하는 거거든요, 헤헤.

새벽들 그러려면 여러 가지 음식을 가리지 않고 잘 먹어야 하는데, 그건 영서가 딱이네, 하하. 집시나방이라는 이름 때문인지 이 나방의 애벌레는 나무를 가리지 않고 먹는단다. 지금까지 알려진 것만도 100종이 넘는 걸 보면 우리 주변에 있는 거의 모든 잎을 먹는다고 할 수 있지.

진욱 이 나방은 수컷 같은데 날개 무늬가 아주 멋져요. 무슨 나방이에요?

새벽들 그 나방이 바로 집시나방이란다. 영서가 좋아하는 여행자 나방.

진욱 아, 매미나방 수컷이군요. 암컷과 너무 달라서 다른 나방인 줄 알았어요.

새벽들 주변을 잘 찾아보면 매미나방과 비슷한 얼룩매미나방이나 붉은매미나방도 볼 수 있지.

암컷과 다르게 생긴 매미나방 수컷

매미나방 알집

매미나방 알

매미나방 애벌레

얼룩매미나방 암컷 얼룩매미나방 수컷

얼룩매미나방 애벌레

붉은매미나방 수컷

붉은수염독나방

흰띠독나방

영서 여기 있는 이 작은 나방은 날개가 독특해요. 가운데 띠무늬가 있고 옆에서 보면 오톨도톨하게 작은 돌기가 튀어나와 있어요.

새벽들 어디 보자, 이 작은 녀석을 잘 찾았구나. 영서 말처럼 날개에 작은 돌기들이 보이지? 그 돌기가 혹처럼 보여 이름이 혹나방이란다. 흰혹나방이지. 개체 수가 적어 가끔 보이는 나방인데 잘 찾았네.

진욱 저 나방들은 모두 삼각형이에요. 무늬나 색은 다르지만 모두 비슷하게 생겼어요. 같은 나방 종류인가요?

새벽들 수염나방 무리란다. 밤나방과 수염나방아과에 속하는 나방들로 우리나라에 30여 종이 산다고 알려졌고, 밤 곤충을 관찰할 때면 어김없이 찾아오는 반가운 녀석들이지. 비슷한 개체로는 줄수염나방 무리가 있는데 개체 수가 수염나방들보다 많아서 더 자주 보인단다. 날개가 대체로 삼각형인 것은 비슷하지만 가로 줄무늬가 있는 게 달라.

흰혹나방

사과혹나방

회색혹나방

앞검은혹나방

수염나방 무리
(밤나방과 수염나방아과)

뒷노랑수염나방

뒷노랑수염나방 애벌레

활무늬수염나방

검은무늬수염나방

흰줄수염나방

별보라수염나방

줄수염나방 무리
(밤나방과 줄수염나방아과)

지옥수염나방

갈색줄수염나방

검은띠수염나방

보라회색수염나방

쌍복판눈수염나방

뒷밝은줄무늬수염나방

둥근줄수염나방

시옷무늬멧수염나방

노랑무늬수염나방

곧은띠수염나방

마른잎수염나방

총채수염나방

넓은띠담흑수염나방

세줄무늬수염나방

영서 와, 이름도 어렵고, 또 그 아이가 그 아이 같아서 헷갈려요. 역시 나방은 어렵네요. 정신이 하나도 없어요.

새벽들 나도 그래. 나방은 보면 볼수록 어렵지. 하지만 그 점이 매력이기도 해. 이름이 비슷한 나방들이 있는데 한번 들어볼래?

진욱 네! 어렵지만 재미있어요. 새로운 나방을 하나씩 만날 때마다 신나기도 하고요. 이름은 다 몰라도 이런 나방들이 우리랑 같이 살고 있다는 것만으로도 신기해요. 얘기해 주세요.

영서 와~ 내가 먼저 그렇게 이야기하려고 했는데, 츳츳.

새벽들 에구, 녀석들. 자, 먼저 긴수염나방이라는 나방인데 주로 낮에 보이지만 가끔 등불에 찾아오기도 하지. 몸길이는 겨우 3밀리미터 정도로 작은 나방인데 더듬이가 몸길이보다 더 길어. 그래서 긴수염나방이라고 이름 붙였어. 곡나방과 긴수염나방아과에 속한단다. 우리나라엔 10여 종이 알려져 있어. 작지만 화려한 나방이야. 그리고 독특한 점은 암컷과 수컷의 더듬이 길이 차가 크지. 더듬이가 긴 게 수컷이야.

긴수염나방 무리
(곡나방과 긴수염나방아과)

큰자루긴수염나방 암컷   큰자루긴수염나방 수컷

노란줄긴수염나방   그물무늬긴수염나방

영서 저기 나뭇잎을 열심히 먹고 있는 털털이들이 또 있어요. 하얀색 털이 워낙 많아 웅크린 모습이 꼭 털 뭉치 같아요. 신기한 애벌레가 다 있네요. 누구예요?

새벽들 어디 보자, 무늬가 정말 독특하네? 무늬만큼이나 이름도 독특해. 왕뿔무늬저녁나방이라는 나방의 애벌레란다. 왕칼무늬저녁나방이라고도 하는데 모두 무늬 때문에 붙인 이름 같아. 지금 신나무 잎을 열심히 먹고 있는데 녀석은 신나무 같은 단풍나무과뿐만 아니라 벚나무나 뽕나무 사과나무, 자두나무나 아까시나무 잎도 먹는다고 알려져 있지. 아주 멋진 애벌레

왕뿔무늬저녁나방 애벌레와 어른벌레

야. 한번 보면 쉽게 잊히지 않는 애벌레란다.

진욱 저기도 비슷한 애벌레가 있어요. 와, 털이 장난이 아니에요. 엄청 멋져요!

새벽들 저 녀석은 쌍칼무늬저녁나방이라고, 이름이 무시무시한 나방의 애벌레란다. 애벌레나 어른벌레 모두 칼 무늬가 특징이야. 오, 여기 벚나무에도 비슷한 애벌레가 있구나. 어디 보자. 음, 벚나무저녁나방이구나. 방금 전에 본 애벌레와 같은 무리에 속하지. 정확하게 밤나방과 저녁나방아과야.

영서 저녁나방이요? 왜 그런 이름을 붙였나요?

새벽들 글쎄다. 너희는 왜 그렇게 붙였을 것 같니?

진욱 밤나방은 밤에 활동하고 저녁나방은 저녁에 활동해서 그런 것 아닌가요?

영서 저 나방이 돌아다닐 때쯤이면 저녁을 먹어야 한다, 뭐 그래서 붙인 게 아닐까요? 저녁 먹어야 할 때 보이는 나방은 저녁나방, 간식을 먹어야 할 때 보이는 나방은 간식나방. 어때요?

새벽들 영서, 너 또 배고프구나. 말 나온 김에 우리 간식 먹을까? 안 그래도 좀 출출했거든.

쌍칼무늬저녁나방 애벌레

벚나무저녁나방 애벌레

새벽들 자, 아저씨가 가래떡을 살짝 구워서 준비했다. 어때, 맛있겠지?

영서 와, 아저씨 감동했어요. 나름 센스 있으시네요. 이럴 땐 엄마 같아요, 헤헤. 여기에 꿀만 있으면 센스 만점인데……. 가래떡을 꿀에 찍어 먹으면 얼마나 맛있는데요.

새벽들 그럴 줄 알고 요걸 가지고 왔지. 짠~ 어때?

영서 에이, 난 또 진짜 꿀이라고. 이건 케첩이잖아요. 뭐, 이것도 좋아요. 이렇게 밤에 산에서 먹으니까 진짜 꿀맛, 아니 케첩 맛이다. 헤헤.

저녁나방 무리 애벌레와 어른벌레
(밤나방과 저녁나방아과)

산저녁나방과 애벌레와 어른벌레

배저녁나방 애벌레 배저녁나방 애벌레(검은색형)

오리나무저녁나방 애벌레

노랑목저녁나방

벚나무저녁나방

높은산저녁나방

세무늬저녁나방

얼룩저녁나방

잔점저녁나방

큰쥐똥나무저녁나방

진욱 아, 잠깐만! 저기도 가래떡이 있는데요?

영서 어디? 진짜 가래떡이네. 저기 보세요, 나뭇잎에 매달려 있는 거. 삐죽삐죽한 거만 없으면 미니 가래떡이에요.

새벽들 오, 두줄제비나비붙이구나. 애벌레가 하얀색 왁스 가루 같은 걸 덮어쓰고 다니지. 주로 느릅나무과의 나무 잎을 먹는다고 해. 참 독특한 애벌레지?

진욱 이름이 더 독특해요. 두줄제비나비붙이요? 나비인가요, 나방인가요?

새벽들 나방이야. 제비나비붙이과의 나방이지. 어른벌레가 제비나비와 비슷하게 생겨서 붙인 이름이란다. 둘을 비교해 보면 놀라울 정도로 닮았거든.

제비나비

두줄제비나비붙이 애벌레와 어른벌레

영서 저기 탈모 털털이들이 있어요.

새벽들 탈모 뭐라고?

영서 털털이는 털털인데 아까 본 털털이들하고 비교하면 완전 털이 없어요. 탈모증 걸린 아저씨들처럼요. 머리숱이 다 빠지기 일보 직전이에요.

새벽들 진짜네. 털이 듬성듬성 탈모 털털이구나, 하하. 쟤들은 얼룩나방 애벌레란다. 이름처럼 몸의 무늬가 얼룩덜룩하지? 애벌레도 개성이 강하지만 어른벌레도 그에 못지않게 개성이 강해. 얼룩나방들 중에는 낮에 활동하는 나방도 있고 밤에 활동하는 나방도 있단다. 밤에 활동하는 나방은 가끔 등불에 모이지. 아주 예쁘게 생긴 기생얼룩나방이라는 나방도 있어.

얼룩나방 무리 애벌레와 어른벌레
(밤나방과 얼룩나방아과)

기생얼룩나방 애벌레

기생얼룩나방

뒷노랑얼룩나방 애벌레   뒷노랑얼룩나방

얼룩나방 주로 낮에 활동하는 나방이다

애기얼룩나방 애벌레

짝짓기 중인 애기얼룩나방 낮에 활동한다.

영서 이번에는 삼각뿔 꿈틀이 납시요~.

새벽들 오호~ 정말이구나. 삼각뿔 꿈틀이, 영서가 이름을 잘 짓는걸! 앞으로 영서 쫓아다니면서 이름 짓는 것 좀 배워야겠어, 하하.

진욱 꿈틀이라면 밤나방과인가요? 배다리가 모두 있는.

새벽들 그렇지. 저기 보이는 애벌레들은 밤나방과의 흰무늬밤나방 무리란다.

진욱 정말 색이 멋져요. 어른벌레도 저렇게 멋진가요?

새벽들 애벌레는 초록빛이지만 어른벌레가 되면 날개가 검은빛으로 변한단다. 그래서 까마귀밤나방이라고 이름을 붙였지.

영서 네? 저렇게 예쁘고 멋진 애벌레가 커서 까마귀처럼 시커멓게 된다고요? 믿기지 않아요.

새벽들 옳지, 저기 좀 봐라. 저기 시커먼 녀석. 저 녀석이 바로 이 나방의 어른벌레란다. 나름 멋지지 않니?

영서 그냥 시커먼 게 아니네요. 하얀색 줄무늬도 있고 점도 있어요. 어, 완전히 까만 아이도 있는데요?

흰줄까마귀밤나방 애벌레

까마귀밤나방

흰줄까마귀밤나방

흰눈까마귀밤나방 애벌레

흰눈까마귀밤나방 애벌레 고치벌이 기생하고 있다.

흰눈까마귀밤나방

지옥까마귀밤나방

피라밑까마귀밤나방

흰점까마귀밤나방

한국밤나방

엉겅퀴밤나방

점띠애기밤나방

금강산모진밤나방

느릅밤나방

제주어린밤나방

진욱 애벌레가 크니까 눈도 보여요. 어, 그런데 눈이 여러 개예요. 아저씨, 여기 와 보세요. 이렇게 돋보기로 보니까 눈이 잘 보여요. 이 까만 점이 눈 맞죠?

새벽들 어디 보자. 오, 정말 애벌레 눈이 보이는걸? 맞아, 모두 6개구나. 애벌레 눈은 어른벌레 눈과 조금 달라. 어른벌레는 겹눈과 홑눈으로 되어 있는 건 알지?

영서 그럼요. 겹눈은 왕방울같이 생긴 눈이잖아요. 사물의 형태를 보고요.

진욱 그리고 홑눈은 겹눈과 겹눈 사이에 있는 작은 점 같은 눈인데, 빛의 밝기와 어둡기 같은 명암을 구별하죠.

새벽들 좋았어. 애벌레 눈은 모두 홑눈이란다. 그러니까 겹눈이 없는 거지.

영서 그렇군요. 저는 애벌레 눈은 처음 봤어요. 진욱인 역시 호기심이 많고 관찰력도 뛰어나다니까. 내 친구 될 자격이 충분해, 헤헤. 앞으로 너를 평생 내 친구로 임명하노라. 도장 꾹!

새벽들 어, 그런데 그 도장이 저 나방 날개에 찍혔네. 이리 와 봐. 영서가 찍은 도장이 신기하게도 저 나방 날개에 찍혀 있지? 그것도 두 개씩이나.

영서 정말요?

애벌레 눈 홑눈 6개가 있다.

진욱 에이, 난 또 진짜 줄 알았네. 그런데 무늬가 도장 같기는 해요.

영서 정말이네. 영화에 나오는…… 비밀 편지 봉투에 찍는 그 도장 같아. 신기하다. 내가 지금 마술을 부린 건가?

새벽들 영서가 말한 그런 도장을 봉인이라고 하는데, 저 나방의 날개에 있는 무늬가 봉인처럼 보인다고 해서 봉인밤나방이라고 이름 붙였어. 한마디로 도장나방이지, 하하. 까마귀밤나방하고 같은 밤나방과 흰무늬밤나방 무리에 속해.

영서 밤나방이 진짜 많아요. 아저씨가 말한 무슨무슨 '무리'나 무슨무슨 '아과' 같은 건 모르겠지만 진짜 많은 거 같아요. 아직 우리가 못 본 나방이 훨씬 더 많겠죠?

새벽들 그럼. 아직 우리가 못 본 나방이 많지. 봤다고 해도 이름을 못 찾았거나 아직 이름이 없는 나방도 있고. 나방의 세계는 그만큼 무궁무진하단다. 자, 좀 쉬면서 밤나방 이야기를 좀 더 해 볼까?

봉인밤나방

꼬마봉인밤나방

곱추밤나방 무리
(밤나방과 곱추밤나방아과)

담배나방 무리
(밤나방과 담배나방아과)

각시노랑무늬밤나방

담배나방

풀색톱날무늬밤나방

왕담배나방 낮에 본 모습

줄무늬밤나방 무리
(밤나방과 줄무늬밤나방아과)

얼룩무늬밤나방 애벌레

붉은쌍띠밤나방

얼룩무늬밤나방

한일무늬밤나방

멸강나방

갈색점밤나방

쌍띠밤나방

밤나방 무리
(밤나방과 밤나방아과)

물결쌍검은밤나방　　　　　　　물결쌍검은밤나방

민들레거세미밤나방

씨자무늬거세미밤나방

앞노랑검은밤나방

점박이밤나방

점보라밤나방

그물밤나방(밤나방과 푸른밤나방아과)

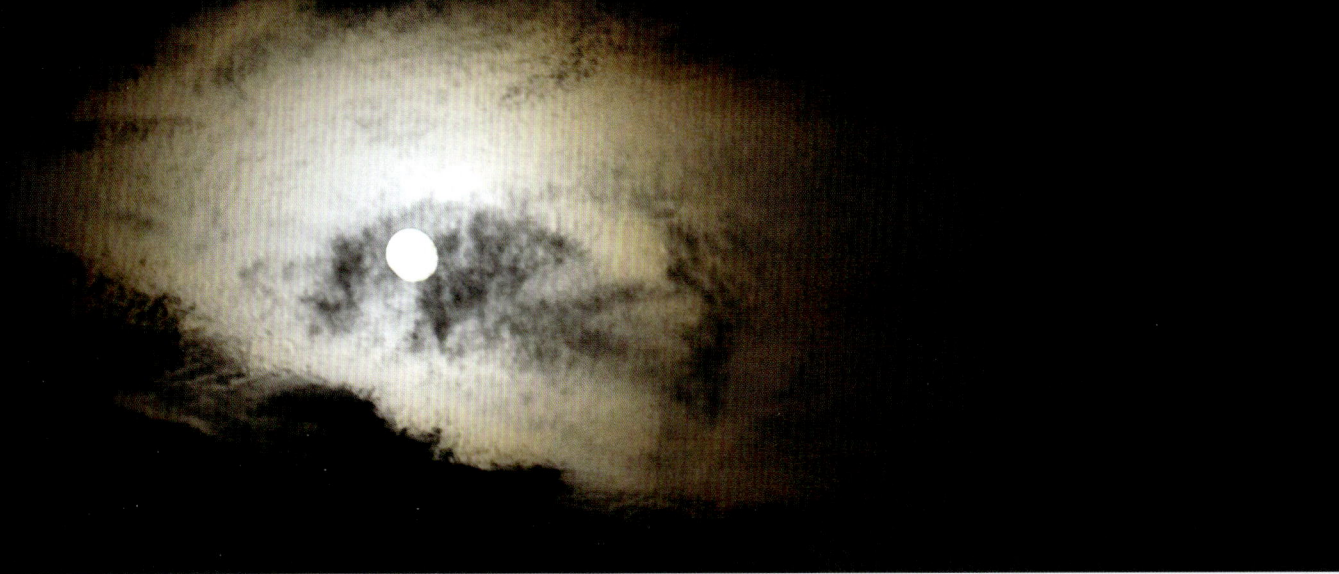

밤

영서 와, 정말 많아요. 정신이 하나도 없어요. 아저씬 어떻게 이름을 다 외워요? 너무 많으니까 힘들어요.

새벽들 그렇지? 실은 아저씨도 그랬단다. 이렇게 밤에 나방들을 많이 봐서 좋기는 한데, 그걸 분류하고 또 이름 찾아야 하니까 복잡하고 질리기도 하고……. 그래서 마음을 바꿨어. 공부한다고 생각하면 정말 힘드니까 그냥 즐기면서 보자, 이렇게 말이야. 그때부터 나방들이 좋아졌을 뿐만 아니라 무늬나 색깔이 무척 아름답게 보이기 시작했지. 지금은 이렇게 나방들 보는 것만으로도 신나, 하하하. 자, 이제 슬슬 내려가 볼까? 영서가 배고프다고 찡찡대기 전에 말이야. 자, 내려가서 맛있는 간식 먹자!

진욱 우리 이렇게 매일 밤마다 간식 먹다가 뚱보 되는 거 아닌지 몰라. 솔나방들처럼 뚱보가 되면 어쩌지?

영서 그럼, 넌 간식 안 먹는 걸로!

진욱 아니야! 말이 그렇다는 거지. 자, 빨리 내려가자고. 헤헤.

진욱 어, 저건 나비 아니에요? 나비가 밤에도 보이네요. 자고 있는 건가요?

새벽들 어디? 오, 그렇구나. 네발나비야. 네 말대로 자고 있어. 나비들도 밤에는 쉬어야 하니까.

영서 네발나비요? 발이 네 개예요? 곤충은 다리가 모두 6개잖아요?

새벽들 그렇지, 6개. 그런데 네발나비는 그중에서 2개가 퇴화되어 겨우 보일까 말까 하게 남아 있어 네발나비라고 이름을 붙였단다. 네발나비뿐만 아니라 네발나비과에 속하는 나비들도 다리가 4개야.

영서 밤에 나비를 볼 줄 몰랐어요. 나비는 낮에만 활동하잖아요?

네발나비(왼쪽)는 다리가 4개, 호랑나비(오른쪽)는 다리가 6개다.

새벽들 그렇긴 하지만, 가끔 등불에 찾아오는 나비도 있고, 또 네발나비처럼 잠자는 모습을 볼 수도 있지. 그리고 애벌레들은 밤에도 먹이 활동을 해야 하니까 밤에 나비 애벌레를 볼 수 있단다. 자, 우리 내려가면서 네발나비 애벌레를 찾아볼까? 네발나비는 환삼덩굴 잎을 먹으니까 환삼덩굴을 찾아보면 네발나비 애벌레나 번데기를 찾을 수 있을 거야.

진욱 여기 애벌레가 한 마리 있어요. 몸에 가시 같은 게 나 있는데요.

새벽들 어디. 오, 찾았구나. 이 녀석이 바로 네발나비 애벌레야. 네발나비는 어른벌레로 겨울을 나기 때문에 이른 봄부터 어른벌레를 볼 수 있단다. 또 여름에도 새로운 개체가 나타나 늦가을까지 어른벌레를 볼 수 있지. 그리고 애벌레와 번데기도 조금만 주의를 기울이면 찾을 수 있고.

진욱 네발나비처럼 밤에 볼 수 있는 나비가 또 있나요?

새벽들 많이는 아니지만 볼 수 있지. 아저씨는 부전나비나 제이줄나비, 흰나비들 그리고 꼬리명주나비를 본 적이 있어. 그리고 애벌레들도 여러 종을 보고……. 자, 그럼 내려가면서 밤에 본 나비 이야기를 해 볼까? 아까도 말했지만 나비들은 밤에 활동하기보다는 주로 쉬거나 잠을 자니까 날아다니는 모습보다는 풀줄기나 잎에 붙어 있는 모습을 볼 수 있어. 운이 좋으면 애벌레나 번데기도 볼 수 있지. 날개돋이도 주로 밤이나 이른 새벽부터 하는데 키우면서 관찰했던 녀석도 밤에 날개돋이를 하더구나. 자, 그럼 슬슬 이야기를 해 볼까.

환삼덩굴에 낳은 네발나비 알

환삼덩굴 잎에 있는 네발나비 애벌레

밤에 본 네발나비 번데기

잠을 자고 있는 네발나비 어른벌레

밤에 본 나비들!

배추흰나비(흰나비과)

큰줄흰나비(흰나비과)

제이줄나비(네발나비과)

부처나비(네발나비과)

굵은줄나비 번데기(네발나비과)

큰멋쟁이나비(네발나비과)

큰멋쟁이나비 애벌레

작은멋쟁이나비(네발나비과)

낮에 본 청띠신선나비(네발나비과)

청띠신선나비 애벌레

홍점알락나비 애벌레(네발나비과)

홍점알락나비 번데기

날개돋이 직후의 홍점알락나비

밤에 본 왕오색나비 번데기
(네발나비과)

날개돋이 직후의 왕오색나비

벚나무까마귀부전나비 애벌레 / 앞번데기와 번데기 / 낮에 본 벚나무까마귀부전나비(부전나비과)

부전나비(부전나비과)

남방부전나비(부전나비과)

긴꼬리제비나비 애벌레(호랑나비과) / 긴꼬리제비나비 번데기 / 밤에 본 사향제비나비 번데기

날개돋이 직후의 꼬리명주나비(호랑나비과) 수컷

밤에 본 꼬리명주나비 수컷

낮에 본 꼬리명주나비 짝짓기

제비나비 애벌레(호랑나비과) 낮에 본 제비나비

밤에 본 모시나비(호랑나비과)

호랑나비의 날개돋이

| 산호랑나비 애벌레 | 산호랑나비 번데기 | 낮에 본 산호랑나비 |

호랑나비 애벌레(호랑나비과)   기생당한 호랑나비 번데기

날개돋이 직후의 호랑나비

왕팔랑나비 애벌레(팔랑나비과)

밤에 본 왕팔랑나비

왕자팔랑나비 애벌레(팔랑나비과)

낮에 본 왕자팔랑나비

진욱 와, 밤에 볼 수 있는 나비도 많네요. 애벌레도 그렇고 번데기도 그렇고, 정말 신기해요.

영서 나비든 나방이든 예쁘고 신기해요. 이런 아이들이 우리와 함께 산다고 생각하니 기분이 막 좋아져요. 하지만 여름이 지나고 가을이 오면, 그리고 추운 겨울이 오면 더 이상 볼 수 없겠죠? 겨울에도 이런 아이들을 볼 수 있다면 좋을 텐데…….

새벽들 수가 적기는 하지만 겨울에도 나방이 활동해. 물론 이른 봄에도 볼 수 있지. 주로 이름에 '이른봄'이거나 '겨울자나방'이나 '겨울가지나방'이 붙은 녀석들인데 주의 깊게 찾아보면 볼 수 있는 나방들이란다. 그리고 겨울에 나무를 보호하려고 사람들이 나무에 끈끈한 테이프를 감아두는데 이곳에 많은 곤충들이 붙어서 죽기도 해. 정말 안타까운 일이야. 나방들도 마찬가지지.

진욱 와, 이른 봄이나 겨울에도 나방을 볼 수 있다니, 정말 신기해요.

영서 그런데 왜 암컷들은 날개가 없어요?

새벽들 날기 위해선 에너지가 필요하지. 하지만 추운 날에 몸을 보호하려면 에너지를 더 많이 써야 하거든. 굳이 날 필요가 없는 암컷은 날개가 서서히 퇴화하는 쪽으로 진화한 것 같아. 그 대신 수컷들은 암컷을 찾아가야 하니까 날개가 필요한 거고.

영서 어떻게 암컷을 찾을 수 있어요?

새벽들 바로 더듬이로 찾는 거야. 나방은 더듬이로 냄새를 맡을 수 있거든. 암컷이 적당한 곳에 자리를 잡고 수컷을 유인하는 페로몬을 내보내면 수컷이 그 냄새를 맡고 오는 거야.

영서 아하, 그래서 수컷 더듬이가 빗살처럼 생겼군요. 냄새를 더 잘 맡으려고요.

진욱 와, 영서 너, 곤충 실력 정말 많이 늘었다! 너도 내 친구가 될 자격이 충분해. 도장 꾹! 헤헤.

새벽들 자, 곤충 절친들, 이젠 자야 할 시간입니다. 내일은 우리 밤 곤충 탐사 마지막 날이니까 기념으로 새벽에 산에 가는 게 어때? 사실 밤마다 늦게 자서 새벽 산책을 할 수가 없었거든. 새벽 숲은 어떤 모습일지 궁금하지 않니? 어때, 같이 갈래?

영서, 진욱 네, 좋아요!

'새벽들 아저씨와 떠나는 밤 곤충 관찰 여행'은 계속 이어집니다.

겨울이나 이른 봄에 볼 수 있는 나방들

이른봄넓은띠겨울가지나방 수컷

이른봄넓은띠겨울가지나방 암컷 암컷은 날개가 퇴화되어 날지 못한다.

이른봄넓은띠겨울가지나방 짝짓기

흰무늬겨울가지나방 수컷

흰무늬겨울가지나방 암컷

뒷흰얼룩물결자나방

줄점겨울가지나방 해충 방지용 끈끈이에 붙어 죽어 있다.

줄점겨울가지나방 암컷

줄점겨울가지나방 알

참나무겨울가지나방 수컷  | 참나무겨울가지나방 암컷 날개가 퇴화되어 날개 못한다.

털겨울가지나방 수컷  | 털겨울가지나방 암컷  | 북방겨울가지나방 짝짓기

겨울물결자나방  | 북극선녀밤나방  | 귤빛밤나방 짝짓기

이른봄밤나방  | 이른봄밤나방 애벌레

좁은날개겨울자나방 수컷 　　　　　　　　　　　좁은날개겨울자나방 암컷

우수리가지나방 　　　　　　　　　　　점줄무늬밤나방

가시가지나방 　　　　　　　　　　　꼬마복숭아밤나방

찾아보기

글에서 찾아보기 쪽수는 검은색으로, 사진에서 찾아보기 쪽수는 파란색으로 구분했어요.

ㄱ

가랑잎가지나방 85
가루남방뿔나방 120
가시가지나방 198
가중나무고치나방 45~6
가중나무껍질밤나방 93
가중나무껍질밤나방(애) 91~2
각시가지나방 82
각시노랑무늬밤나방 182
각시불나방 49
각시뾰족들명나방 129
각시얼룩가지나방 81
갈고리가지나방 58, 80
갈고리재주나방 29
긴띠재주나방 29
갈대노랑들명나방(애) 136
갈색무늬푸른자나방 55
갈색뿔나방 120
갈색쐐기나방 76
갈색점밤나방 183
갈색줄수염나방 167
갈색집명나방 139
감나무잎말이나방 127
검은띠나무결재주나방 31
검은띠수염나방 167
검은무늬수염나방 166
검은점뾰족명나방 138
검은줄재주나방 32

검은푸른쐐기나방 69, 70
검정각시들명나방 132
검정날개애기잎말이나방 124
검정황나꼬리박각시 14
검정황나꼬리박각시(애) 23
겨울물결자나방 197
겹날개재주나방 30
겹날개재주나방(애) 27
고운날개가지나방 85
곧은띠수염나방 167
곧은줄재주나방 30
곧은줄재주나방(애) 27
곱추재주나방 30
곱추재주나방(애) 27
광대노랑뒷날개나방 62, 64
괴불왕애기잎말이나방 125
교차무늬주홍테불나방 49
구름무늬가지나방 80
구름무늬들명나방 128
구름애기가지나방 113
구슬무늬원뿔나방 118
국화은무늬밤나방 106
굴뚝불나방 50
굵은줄나비 189
굵은줄노랑뒷날개나방 62, 63
굵은줄제비가지나방 86
귀룽큰애기잎말이나방 124

귤빛밤나방 197
그물무늬긴수염나방 169
그물무늬창나방 149, 151
그물밤나방 184
극동삼각수염뿔나방 120
극동쐐기나방 77
금강산모진밤나방 179
금빛가지나방 87
금빛갈고리나방 100
금빛갈고리밤나방 104
금빛노랑불나방 50
금빛세줄들명나방 133
기생애기자나방 112
기생얼룩나방 175
긴금무늬밤나방 106
긴꼬리산누에나방 13, 38, 39, 58
긴꼬리제비나비(애) 190
긴띠재주나방 29
긴수염비행기밤나방 103
깃노랑들명나방 133
까마귀밤나방 177, 181
깜둥이창나방 34, 149
꼬리명주나비 186, 191
꼬리박가시 13, 34
꼬마구름무늬밤나방 62, 63
꼬마노랑가지나방 81, 113
꼬마노랑뒷날개나방 61, 62, 73

꼬마독나방 156
꼬마독나방(애) 155
꼬마버들재주나방 30
꼬마복숭아밤나방 198
꼬마봉인밤나방 181
꼬마쐐기나방 77
꼬마아지랑이물결가지나방 82
꼬마얼룩무늬쐐기나방 76
꼬마얼룩무늬쐐기나방(애) 77
꽃꼬마밤나방 109
꽃날개들명나방 131
꽃무늬꼬마밤나방 110
꽃술재주나방 24~5
끝갈색흰가지나방 84
끝무늬들명나방 134
끝짤룩노랑가지나방 80
끝흰재주나방 31

ㄴ

낙엽꼬마잎말이나방 126
날개검은들명나방 133
날개끝검은집명나방 139
남방부전나비 190
남방섬재주나방 32
남방쐐기나방 77
남방흰갈고리나방 101
넉점물결애기자나방 112
넉점박이불나방 49
넓은띠담흑수염나방 168
넓은띠흰꼬마밤나방 110

넓은뾰족날개나방 117
넓은홍띠애기자나방 112
네눈검정잎밤나방 108
네눈들명나방 131
네눈박이산누에나방 40
네눈박이푸른자나방 55
네눈애기가지나방 81, 113
네발나비 185~86, 187
네점노랑물명나방 129
네점애기자나방 113
네점집명나방 139
네줄가지나방 83
네줄들명나방 130
네줄애기잎말이나방 125
노란줄긴수염나방 169
노랑가지나방(애) 66
노랑갈고리나방 101
노랑그물물결자나방 74
노랑꼬리뾰족명나방 138
노랑꼭지나방 122
노랑날개무늬가지나방 85
노랑날개원뿔나방 119
노랑눈비단명나방 137
노랑띠들명나방 132
노랑띠알락가지나방 82
노랑띠애기비단명나방 137
노랑띠애기자나방 113
노랑목저녁나방 173
노랑무늬들명나방 129
노랑무늬물결자나방 75

노랑무늬수염나방 167
노랑무늬애기잎말이나방 125
노랑불나방 50
노랑쌍무늬꼬마밤나방 110
노랑쐐기나방 70
노랑쐐기나방(애) 71~2
노랑애기들명나방 131
노랑얼룩끝짤름가지나방 85
노랑잔줄물결자나방 75
노랑제비가지나방 78, 79
노랑줄애기잎말이나방 123, 124
노랑털알락나방 97, 98
노랑테불나방 50
노박덩굴가지나방 84
노박덩굴가지나방(애) 66
녹색박각시 15~6
녹색집명나방 139
녹색푸른자나방 55
높은산저녁나방 173
느릅나무애기잎말이나방 125
느릅밤나방 179
니도베가지나방 86

ㄷ

다색띠큰가지나방 86
닥나무들명나방 133
닥나무박각시 16
달유리고치나방 58
담배나방 182
담흑가지나방 84

대나방 145
대륙쐐기나방(애) 77
대만나방 147
대왕박각시 24
도둑원뿔나방 118, 119
독나방 156
독나방(애) 155
두무늬좀나방 122
두점애기비단나방 122
두줄가지나방 87
두줄명나방 137
두줄애기푸른자나방 55
두줄점가지나방 88
두줄제비나비붙이 174
두줄짤룩가지나방 82
두줄푸른자나방 55
두흰점알락명나방 142
둥근줄수염나방 167
뒤흰들명나방 133
뒤흰띠알락나방 96
뒷검은그물가지나방 88
뒷검은재주나방 31
뒷검은푸른쐐기나방 70
뒷노랑수염나방 166
뒷노랑얼룩나방 176
뒷노랑왕불나방 50
뒷노랑잎말이나방 127
뒷노랑점가지나방 86
뒷무늬노랑물명나방 129
뒷무늬쌍꼬리나방 102

뒷밝은줄무늬수염나방 167
뒷흰얼룩물결자나방 196
들깨잎말이명나방 134
등줄박각시 12, 14, 16
등줄박각시(애) 20
때죽나무재주나방 30
떠들석짤름나방 107
띠넓은가지나방 82
띠무늬들명나방 130

ㄹ
리치잎말이나방 126

ㅁ
마른잎수염나방 168
말굽무늬들명나방 130
매끈이원뿔나방 118
매미나방 161~62, 163
머루박각시 15~6
머루박각시(애) 23
먹그림가지나방 84
먹무늬은재주나방 31
먹무늬재주나방 29
먹무늬재주나방(애) 27
먹세줄흰가지나방 66, 67
먹줄초록물결자나방 75
멋쟁이갈고리나방 100
멋쟁이뾰족날개나방 117
멧꼬마밤나방 109
멧누에나방 40

멸강나방 183
모시나비 191
목도리불나방 52, 53
목화명나방 134
목화바둑명나방 134
몸노랑들명나방 132
무궁화밤나방 34, 61~2
무궁화잎밤나방 108
무늬독나방 58, 156
무늬독나방(애) 155
무늬박이푸른자나방 56
물결가지나방 83
물결멧누에나방 40
물결쌍검은밤나방 184
물결애기자나방 113
물결줄흰갈고리나방 100
물결큰애기자나방 58
민들레거세미밤나방 184
밀가루줄명나방 138
밑검은집명나방 139
밑노랑재주나방 32

ㅂ
박각시 13, 14
박각시(애) 22
박쥐재주나방 31
박쥐재주나방(애) 28
반노랑판날개뿔나방 120
반달누에나방 40, 41
반달애기잎말이나방 125

밤나무산누에나방 36~7, 38
밤나무재주나방 31
밤나무재주나방(애) 27
밤색갈고리나방 101
밤애기잎말이나방 125
배노랑물결자나방 68
배붉은푸른자나방 56
배붉은흰불나방(애) 48
배얼룩재주나방 31
배얼룩재주나방(애) 28
배잎말이알락명나방 142
배저녁나방(애) 172
배점무늬불나방 52
배추좀나방 122
배추흰나비 188
배털가지나방 83
뱀눈박각시 15
뱀눈박각시(애) 22
버들나방 58, 143, 144
버들박각시(애) 23
버들재주나방 29
버들재주나방(애) 27
버찌가는잎말이나방 127
번개무늬잎말이나방 123, 126
벚나무까마귀부전나비 190
벚나무박각시 15
벚나무재주나방(애) 28
벚나무저녁나방 173
벚나무저녁나방(애) 171
벼슬집명나방 141

벼애밤나방 110
별박이자나방 94, 135
별박이자나방(애) 93
별박이짤름나방 107
별보라수염나방 166
보라무늬밤나방 63
보라애기가지나방 87, 113
보라회색수염나방 167
보리수애기잎말이나방 125
복숭아명나방 134
봉인밤나방 181
부전나비 186, 190
부처나비 188
북극선녀밤나방 197
북방갈고리밤나방 104
북방겨울가지나방 197
북방구름무늬가지나방 83
북방원뿔나방 118, 119
분홍등줄박각시 15
분홍무늬푸른밤나방 114
분홍애기자나방 109
불회색가지나방 89
붉은가밤나방 114
붉은갈고리밤나방 105
붉은금무늬밤나방 105
붉은꼬마꼭지나방 122
붉은뒷날개나방 62, 64
붉은뒷날개나방(애) 67
붉은띠짤름나방 107
붉은매미나방 162, 164

붉은무늬갈색밤나방 114
붉은무늬푸른자나방 55
붉은수염독나방 164
붉은수염독나방(애) 155
붉은쌍띠밤나방 183
붉은잎밤나방 108
붉은줄불나방 49
붉은줄푸른자나방 56
비로드잎밤나방 108
뽕나무가지나방 81
뾰족가지나방 87
뾰족가지나방(애) 66
뾰족귀무늬가지나방 84
뾰족노랑들명나방 132
뾰죽노랑뒷날개나방 62, 64
뿔날개잎말이나방 127
뿔무늬큰가지나방 87

사과나무나방 148
사과나무노랑뒷날개나방 73
사과독나방(애) 155
사과잎말이나방 126
사과혹나방 165
사랑밤나방 108
사슴노랑뒷날개나방 64
사초독나방 153
사초독나방(애) 154
사향제비나비(번) 190
산그물무늬짤름나방 107

산딸기유리나방 94, 95
산저녁나방 172
산호랑나비 192
삼나무독나방 155
삼나무독나방(애) 155
삼봉재주나방 30
상제독나방 158
새극동쐐기나방 77
색동푸른자나방 56
선비들명나방 132
섭나방(애) 146
세무늬저녁나방 173
세미창날개뿔나방 119
세은무늬재주나방 32
세은무늬재주나방(애) 28
세점노랑들명나방 132
세줄꼬마갈고리나방 101
세줄꼬마들명나방 130
세줄무늬수염나방 168
세줄점가지나방 58
세줄짤름나방 107
세줄콩들명나방 132
속흰물결자나방 75
솔나방 143, 146
솔박각시 15
솔박각시(애) 22
솔밭가지나방 82
솔송나방 143, 146
솔피원뿔나방 119
수검은줄점불나방 50

수검은줄점불나방(애) 48
시옷무늬멧수염나방 167
신부짤름나방 106
쌍띠밤나방 183
쌍무늬포충나방 121
쌍복판눈수염나방 167
쌍점줄갈고리나방 101
쌍점흰가지나방 85
쌍줄푸른밤나방 115~16
쌍칼무늬저녁나방(애) 171
썩은잎가지나방 80
쐐기풀알락밤나방 105
쑥부쟁이털날개나방 103
씨자무늬거세미밤나방 184

ㅇ

아리랑꼬마밤나방 110
아스콜드잎말이나방 126
알락굴벌레나방 13, 58
알락노랑불나방 49
알락주홍불나방 47
알락흰가지나방 88
알락흰들명나방 130
앞검은혹나방 165
앞노랑검은밤나방 184
앞노랑꼬마밤나방 111
앞노랑무늬들명나방 130
앞노랑애기자나방 113
앞붉은들명나방 133
앞붉은명나방 142

앞점노랑짤름나방 107
애기네눈박이푸른자나방 56
애기담홍뾰족날개나방 117
애기린재주나방 32
애기무늬들명나방 130
애기밤나방 114
애기사과잎말이나방 126
애기얼룩나방 176
애기원뿔나방 118, 119
애기재주나방 31
애기흰들명나방 133
애모무늬잎말이나방 127
애물결박각시 14, 16
애삼각수염뿔나방 120
양배추은무늬밤나방 106
얼룩갈고리나방 100
얼룩나방 176
얼룩매미나방 162, 164
얼룩무늬밤나방 183
얼룩물결자나방 74
얼룩애기들명나방 130
얼룩저녁나방 173
얼룩포충나방 121
엉겅퀴밤나방 179
엘무늬독나방 158
여덟무늬들명나방 129
여덟무늬알락나방 97
연갈색재주나방(애) 27
연노랑뒷날개나방 62, 63
연노랑애기물결자나방 75

연보라들명나방 132	은빛포충나방 121	점보라밤나방 184
연푸른가지나방 83	은재주나방 32	점분홍꼬마밤나방 109
연회색가지나방 81	이른봄넓은띠겨울가지나방 196	점선두리자나방 56
열매꼭지나방 122	이른봄밤나방 197	점알락들명나방 133
오리나무저녁나방(애) 173		점줄무늬밤나방 198
오얏나무가지나방 82	**ㅈ**	점줄뾰족물결자나방 74
옥색긴꼬리산누에나방 38, 39	작은갈고리밤나방 104	점줄재주나방 31
옹이재주나방 30	작은검은꼬리박각시 14	점줄재주나방(애) 27
왕갈고리나방 100	작은검은꼬리박각시(애) 21	점줄흰애기자나방 112
왕눈애기물결자나방 74	작은광대노랑뒷날개나방 64	점흰독나방 158
왕담배나방 182	작은멋쟁이나비 189	제비나방 79
왕무늬푸른자나방 54	작은비행기밤나방 103	제비나비 174, 191
왕물결나방 34~5, 58	작은산누에나방 40	제이줄나비 186, 188
왕뿔무늬저녁나방 170	잔점저녁나방 173	제주어린밤나방 179
왕오색나비 189	잠자리가지나방 85	젤러리원뿔나방 118
왕자팔랑나비 194	장미색들명나방 132	조명나방 134
왕팔랑나비 194	장수쐐기나방(애) 77	좀점박이불나방 52
왕흰줄태극나방 33	재주나방 25	좁은날개겨울자나방 198
외줄들명나방 130	재주나방(애) 26	좁은뾰족날개나방 117
우단박각시 15	점갈고리박각시 15	종가시뿔나방 120
우묵날개원뿔나방 119	점곱추밤나방(애) 67	주름재주나방 29
우수리가지나방 198	점띠애기밤나방 179	주홍박각시 15, 22
울릉노랑들명나방 130	점무늬불나방 52	주홍박각시(애) 23
유리산누에나방 42, 44~5	점무늬큰창나방 149, 150	주홍테불나방 49
으름밤나방 99	점무늬흰가지나방 89	주황얼룩무늬밤나방 108
은날개남방뿔나방 120	점박각시 15	줄검은들명나방 131
은무늬갈고리밤나방 104	점박이밤나방 184	줄고운노랑가지나방 80
은무늬밤나방 105	점박이불나방 52	줄구름무늬가지나방 81
은무늬재주나방 29	점박이붉은줄불나방 50	줄노랑알락명나방 142
은무늬줄명나방 138	점박이알락노랑불나방 49	줄노랑흰애기자나방 112

줄마디가지나방 85
줄무늬꼬마밤나방 110
줄박각시 15, 22
줄박각시(애) 23
줄보라집명나방 139
줄붉은들명나방 139
줄붉은들명나방(애) 134
줄은빛포충나방 121
줄재주나방 32
줄점겨울가지나방 196
줄점불나방 49
쥐빛비단명나방 137
지옥까마귀밤나방 179
지옥수염나방 167
진도들명나방 131
찔레유리나방 94, 95

ㅊ

참나무갈고리나방 101~02
참나무겨울가지나방 197
참나무산누에나방 35~6, 40, 42, 43
참나무재주나방 31
참노랑줄애기잎말이나방 124
참물결가지나방 82
참빗살얼룩가지나방 85
참쐐기나방 77
창나방 149
창포그림날개나방 122
청띠신선나비 189

청백무늬밤나방 63
총채다리꼭지나방 122
총채수염나방 168
치악잎말이나방 127

ㅋ

콩독나방 157
콩독나방(애) 155
콩명나방 134
콩박각시 22
콩박각시(애) 23
콩은무늬밤나방 106
콩잎말이명나방 133
콩줄기명나방 132
콩팥무늬들명나방 132
크리스토프잎말이나방 126
큰각시들명나방 131
큰노랑들명나방 134
큰노랑물결자나방 68
큰노랑애기가지나방 81
큰눈노랑가지나방 84
큰멋쟁이나비 189
큰목검은밤나방 108
큰무늬박이푸른자나방 56
큰섬들명나방 132
큰솔알락명나방 142
큰쌍줄푸른밤나방 116
큰알락흰가지나방 81
큰애기물결자나방 75
큰애기자나방 112

큰은무늬재주나방 29
큰자루긴수염나방 169
큰점남방뿔나방 120
큰점노랑들명나방 130
큰점무늬좀나방 122
큰줄흰나비 188
큰쥐똥나무저녁나방 173
큰쥐박각시 16, 20, 21
큰톱날물결자나방 74
큰홍색뾰족명나방 138

ㅌ

태극나방 33, 61
털겨울가지나방 197
털겨울가지나방(애) 66
털뿔가지나방 83
토끼눈가지나방 88
톱날무늬노랑불나방 49
톱날물결자나방 74
톱날푸른자나방 53~4
톱니무늬가지나방 87
통마디알락명나방 142
통말이원뿔나방 118, 119

ㅍ

파털날개나방 103
팔자머리재주나방(애) 27
팥혹점꼬마밤나방 110
포도독나방 157
포도들명나방 131

포도박각시 13, 14
포도털날개나방 103
푸른곱추재주나방 30
푸른곱추재주나방(애) 27
푸른빛집명나방 139
푸른빛집명나방(애) 140
풀색톱날무늬밤나방 182
피라밑까마귀밤나방 179

ㅎ

한국밤나방 179
한일무늬밤나방 183
해당화애기잎말이나방 125
호랑나비 186, 193
호랑나비(애) 192
혹명나방 134
홍띠애기자나방 112
홍배불나방 53
홍백띠뾰족날개나방 117
홍점알락나비 189
홍줄불나방 48
활무늬수염나방 166
황다리독나방 158, 159~60
황줄점갈고리나방 100, 101
회색물결자나방 74
회색붉은뒷날개나방 73
회색애기자나방 112
회색재주나방 31
회색혹나방 165
회양목명나방 131

흑색무늬쐐기나방 76
흑색무늬쐐기나방(애) 77
흑점쌍꼬리나방 102
흰갈퀴애기잎말이나방 124
흰그물물결자나방 73
흰그물왕가지나방 58
흰그물재주나방 32
흰깃가지나방 81
흰꼬리잎말이나방 126
흰눈까마귀밤나방 178
흰더듬이뿔나방 119
흰독나방 156
흰독나방(애) 155
흰띠독나방 164
흰띠왕가지나방 88
흰띠푸른자나방 56
흰머리잎말이나방 127
흰무늬겨울가지나방 196
흰무늬노랑가지나방 87
흰무늬물결자나방 75
흰무늬박이뒷날개나방 64
흰무늬왕불나방 51, 58
흰무늬재주나방 32
흰무늬집명나방 139
흰무늬집명나방(애) 140
흰무늬집명나방붙이 139
흰물결명나방 129
흰뾰족날개나방 117
흰색잎말이나방 127
흰애기물결자나방 74

흰얼룩들명나방 131
흰점까마귀밤나방 179
흰점꼬마밤나방 110
흰점박이흰가지나방 89
흰점쐐기나방 77
흰점쐐기나방(애) 78
흰제비가지나방 65, 80
흰제비불나방 52, 53
흰줄까마귀밤나방 177
흰줄무늬애기푸른자나방 55
흰줄수염나방 166
흰줄썩은잎밤나방 108
흰줄태극나방 33
흰줄푸른자나방 55, 57
흰혹나방 165

나방과 나비 종류 분류하기

본문에 실린 나방과 나비를 같은 과끼리 묶어서 정리해 놓았어요.

● 나방 종류 ●

갈고리나방과

금빛갈고리나방
남방흰갈고리나방
노랑갈고리나방
멋쟁이갈고리나방
물결줄흰갈고리나방
밤색갈고리나방
세줄꼬마갈고리나방
쌍점줄갈고리나방
얼룩갈고리나방
왕갈고리나방
참나무갈고리나방
황줄점갈고리나방

감꼭지나방과

노랑꼭지나방
붉은꼬마꼭지나방
열매꼭지나방

곡나방과

긴수염나방 무리
그물무늬긴수염나방
노란줄긴수염나방
큰자루긴수염나방

곡식좀나방과

곡식좀나방 무리
두무늬좀나방
큰점무늬좀나방

굴벌레나방과

알락굴벌레나방

그림날개나방과

창포그림날개나방

누에나방과

멧누에나방
물결멧누에나방

독나방과

꼬마독나방
독나방
매미나방
무늬독나방
붉은매미나방
붉은수염독나방
사과독나방
사초독나방
삼나무독나방
상제독나방
얼룩매미나방
엘무늬독나방
점흰독나방
콩독나방
포도독나방
황다리독나방
흰독나방
흰띠독나방

명나방과

비단명나방 무리
검은점뾰족명나방
노랑꼬리뾰족명나방
노랑눈비단명나방
노랑띠애기비단명나방
두줄명나방
밀가루줄명나방
은무늬줄명나방
쥐빛비단명나방
큰홍색뾰족명나방

알락명나방 무리
두흰점알락명나방
배잎말이알락명나방
앞붉은명나방
줄노랑알락명나방

큰솔알락명나방
통마디알락명나방

집명나방 무리
갈색집명나방
날개끝검은집명나방
네점집명나방
녹색집명나방
밑검은집명나방
벼슬집명나방
줄보라집명나방
푸른빛집명나방
흰무늬집명나방
흰무늬집명나방붙이

박각시과
검정황나꼬리박각시
꼬리박각시
녹색박각시
닥나무박각시
대왕박각시
등줄박각시
머루박각시
박각시
뱀눈박각시
버들박각시
벚나무박각시
분홍등줄박각시
솔박각시

애물결박각시
우단박각시
작은검은꼬리박각시
점갈고리박각시
점박각시
주홍박각시
줄박각시
콩박각시
큰쥐박각시
포도박각시

반달누에나방과
반달누에나방

밤나방과
곱추밤나방 무리
각시노랑무늬밤나방
귤빛밤나방
꼬마복숭아밤나방
이른봄밤나방
점곱추밤나방
점줄무늬밤나방
풀색톱날무늬밤나방

껍질밤나방 무리
가중나무껍질밤나방

꼬마밤나방 무리
꽃꼬마밤나방

꽃무늬꼬마밤나방
넓은띠흰꼬마밤나방
노랑쌍무늬꼬마밤나방
멧꼬마밤나방
벼애나방
아리랑꼬마밤나방
앞노랑꼬마밤나방
점분홍꼬마밤나방
줄무늬꼬마밤나방
팥혹점꼬마밤나방
흰점꼬마밤나방

담배나방 무리
담배나방
왕담배나방

뒷날개나방나방 무리
광대노랑뒷날개나방
굵은줄노랑뒷날개나방
꼬마구름무늬밤나방
꼬마노랑뒷날개나방
무궁화밤나방
보라무늬밤나방
붉은뒷날개나방
뾰죽노랑뒷날개나방
사과나무노랑뒷날개나방
사슴노랑뒷날개나방
연노랑뒷날개나방
왕흰줄태극나방

작은광대노랑뒷날개나방
청백무늬밤나방
태극나방
회색붉은뒷날개나방
흰무늬박이뒷날개나방
흰줄태극나방

밤나방 무리
물결쌍검은밤나방
민들레거세미밤나방
씨자무늬거세미밤나방
앞노랑검은밤나방
점박이밤나방
점보라밤나방

비행기밤나방 무리
긴수염비행기밤나방
작은비행기밤나방

수염나방 무리
검은무늬수염나방
뒷노랑수염나방
별보라수염나방
활무늬수염나방
흰줄수염나방

얼룩나방 무리
기생얼룩나방
뒷노랑얼룩나방

애기얼룩나방
얼룩나방

은무늬밤나방 무리
국화은무늬밤나방
긴금무늬밤나방
붉은금무늬밤나방
쐐기풀알락밤나방
양배추은무늬밤나방
은무늬밤나방
콩은무늬밤나방

저녁나방 무리
노랑목저녁나방
높은산저녁나방
배저녁나방
벚나무저녁나방
산저녁나방
세무늬저녁나방
쌍칼무늬저녁나방
얼룩저녁나방
오리나무저녁나방
왕뿔무늬저녁나방
잔점저녁나방
큰쥐똥나무저녁나방

줄무늬밤나방 무리
갈색점밤나방
멸강나방

북극선녀밤나방
붉은쌍띠밤나방
쌍띠밤나방
얼룩무늬밤나방
한일무늬밤나방

줄수염나방 무리
갈색줄수염나방
검은띠수염나방
곧은띠수염나방
넓은띠담흑수염나방
노랑무늬수염나방
둥근줄수염나방
뒷밝은줄무늬수염나방
마른잎수염나방
보라회색수염나방
세줄무늬수염나방
세줄짤름나방
시옷무늬멧수염나방
쌍복판눈수염나방
지옥수염나방
총채수염나방

짤름나방 무리
금빛갈고리밤나방
네눈검정잎밤나방
떠들석짤름나방
무궁화잎밤나방
별박이짤름나방

북방갈고리밤나방
붉은갈고리밤나방
붉은띠짤름나방
붉은잎밤나방
비로드잎밤나방
사랑밤나방
산그물무늬짤름나방
신부짤름나방
앞점노랑짤름나방
으름밤나방
은무늬갈고리밤나방
작은갈고리밤나방
주황얼룩무늬밤나방
큰목검은밤나방
흰줄썩은잎밤나방

푸른밤나방 무리
그물밤나방
분홍무늬푸른밤나방
붉은가밤나방
붉은무늬갈색밤나방
쌍줄푸른밤나방
애기밤나방
큰쌍줄푸른밤나방

흰무늬밤나방 무리
금강산모진밤나방
까마귀밤나방
꼬마봉인밤나방

느릅밤나방
봉인밤나방
엉겅퀴밤나방
점띠애기밤나방
제주어린밤나방
지옥까마귀밤나방
피라밑까마귀밤나방
한국밤나방
흰눈까마귀밤나방
흰점까마귀밤나방
흰줄까마귀밤나방

불나방과
각시불나방
교차무늬주홍테불나방
굴뚝불나방
금빛노랑불나방
넉점박이불나방
노랑불나방
노랑테불나방
뒷노랑왕불나방
목도리불나방
배붉은흰불나방
배점무늬불나방
붉은줄불나방
수검은줄점불나방
알락노랑불나방
알락주홍불나방
점무늬불나방

점박이불나방
점박이붉은줄불나방
점박이알락노랑불나방
좀점박이불나방
주홍테불나방
줄점불나방
톱날무늬노랑불나방
홍배불나방
홍줄불나방
흰무늬왕불나방
흰제비불나방

뾰족날개나방과
넓은뾰족날개나방
멋쟁이뾰족날개나방
애기담홍뾰족날개나방
좁은뾰족날개나방
홍백띠뾰족날개나방
흰뾰족날개나방

뿔나방과
갈색뿔나방
극동삼각수염뿔나방
애삼각수염뿔나방
종가시뿔나방

뿔나방붙이과
가루남방뿔나방
은날개남방뿔나방

큰점남방뿔나방

산누에나방과
가중나무고치나방
긴꼬리산누에나방
네눈박이산누에나방
달유리고치나방
밤나무산누에나방
옥색긴꼬리산누에나방
유리산누에나방
작은산누에나방
참나무산누에나방

솔나방과
대나방
대만나방
버들나방
사과나무나방
섭나방
솔나방
솔송나방

쌍꼬리나방과
뒷무늬쌍꼬리나방
흑점쌍꼬리나방

쐐기나방과
갈색쐐기나방
검은푸른쐐기나방

극동쐐기나방
꼬마쐐기나방
꼬마얼룩무늬쐐기나방
남방쐐기나방
노랑쐐기나방
대륙쐐기나방
뒷검은푸른쐐기나방
새극동쐐기나방
장수쐐기나방
참쐐기나방
흑색무늬쐐기나방
흰점쐐기나방

알락나방과
노랑털알락나방
뒤흰띠알락나방
여덟무늬알락나방

왕물결나방과
왕물결나방

원뿔나방과
구슬무늬원뿔나방
노랑날개원뿔나방
도둑원뿔나방
매끈이원뿔나방
북방원뿔나방
솔피원뿔나방
애기원뿔나방

우묵날개원뿔나방
젤러리원뿔나방
통말이원뿔나방

애기비단나방과
두점애기비단나방

유리나방과
산딸기유리나방
찔레유리나방

잎말이나방과
<u>애기잎말이나방 무리</u>
검정날개애기잎말이나방
괴불왕애기잎말이나방
귀룽큰애기잎말이나방
네줄애기잎말이나방
노랑무늬애기잎말이나방
노랑줄애기잎말이나방
느릅애기잎말이나방
반달애기잎말이나방
밤애기잎말이나방
보리수애기잎말이나방
참노랑줄애기잎말이나방
해당화애기잎말이나방
흰갈퀴애기잎말이나방

<u>잎말이나방 무리</u>
감나무잎말이나방

낙엽꼬마잎말이나방
뒷노랑잎말이나방
리치잎말이나방
버찌가는잎말이나방
번개무늬잎말이나방
뿔날개잎말이나방
사과잎말이나방
아스콜드잎말이나방
애기사과잎말이나방
애모무늬잎말이나방
치악잎말이나방
크리스토프잎말이나방
흰꼬리잎말이나방
흰머리잎말이나방
흰색잎말이나방

자나방과

가지나방 무리

가랑잎가지나방
가시가지나방
각시가지나방
각시얼룩가지나방
갈고리가지나방
고운날개가지나방
구름무늬가지나방
구름애기가지나방
굵은줄제비가지나방
금빛가지나방
꼬마노랑가지나방

꼬마아지랑이물결가지나방
끝갈색흰가지나방
끝짤룩노랑가지나방
네눈애기가지나방
네줄가지나방
노랑가지나방
노랑날개무늬가지나방
노랑띠알락가지나방
노랑얼룩끝짤름가지나방
노랑제비가지나방
노박덩굴가지나방
니도베가지나방
다색띠큰가지나방
담흑가지나방
두줄가지나방
두줄점가지나방
두줄짤룩가지나방
뒷검은그물가지나방
뒷노랑점가지나방
띠넓은가지나방
먹그림가지나방
먹세줄흰가지나방
물결가지나방
배털가지나방
보라애기가지나방
북방겨울가지나방
북방구름무늬가지나방
불회색가지나방
뽕나무가지나방

뾰족가지나방
뾰족귀무늬가지나방
뿔무늬큰가지나방
세줄점가지나방
솔밭가지나방
쌍점흰가지나방
썩은잎가지나방
알락흰가지나방
연푸른가지나방
연회색가지나방
오얏나무가지나방
우수리가지나방
이른봄넓은띠겨울가지나방
잠자리가지나방
점무늬흰가지나방
좁은날개겨울자나방
줄고운노랑가지나방
줄구름무늬가지나방
줄마디가지나방
줄점겨울가지나방
참나무겨울가지나방
참물결가지나방
참빗살얼룩가지나방
큰노랑애기가지나방
큰눈노랑가지나방
큰알락흰가지나방
털겨울가지나방
털뿔가지나방
토끼눈가지나방

톱니무늬가지나방
흰그물왕가지나방
흰깃가지나방
흰띠왕가지나방
흰무늬겨울가지나방
흰무늬노랑가지나방
흰점박이흰가지나방
흰제비가지나방

물결자나방 무리

겨울물결자나방
노랑그물물결자나방
노랑무늬물결자나방
노랑잔줄물결자나방
뒷흰얼룩물결자나방
먹줄초록물결자나방
물결큰애기자나방
배노랑물결자나방
속흰물결자나방
얼룩물결자나방
연노랑애기물결자나방
왕눈애기물결자나방
점줄뾰족물결자나방
큰노랑물결자나방
큰애기물결자나방
큰톱날물결자나방
톱날물결자나방
회색물결자나방
흰그물물결자나방

흰무늬물결자나방
흰애기물결자나방

별박이자나방 무리

별박이자나방

애기자나방 무리

기생애기자나방
넉점물결애기자나방
넓은홍띠애기자나방
네점애기자나방
노랑띠애기자나방
물결애기자나방
분홍애기자나방
앞노랑애기자나방
점줄흰애기자나방
줄노랑흰애기자나방
큰애기자나방
홍띠애기자나방
회색애기자나방

푸른자나방 무리

갈색무늬푸른자나방
네눈박이푸른자나방
녹색푸른자나방
두줄애기푸른자나방
두줄푸른자나방
무늬박이푸른자나방
배붉은푸른자나방

붉은무늬푸른자나방
붉은줄푸른자나방
색동푸른자나방
애기네눈박이푸른자나방
왕무늬푸른자나방
점선두리자나방
큰무늬박이푸른자나방
톱날푸른자나방
흰띠푸른자나방
흰줄무늬애기푸른자나방
흰줄푸른자나방

재주나방과

갈고리재주나방
검은띠나무결재주나방
검은줄재주나방
겹날개재주나방
곧은줄재주나방
곱추재주나방
긴띠재주나방
꼬마버들재주나방
꽃술재주나방
끝흰재주나방
남방섬재주나방
뒷검은재주나방
때죽나무재주나방
먹무늬은재주나방
먹무늬재주나방
밑노랑재주나방

박쥐재주나방
밤나무재주나방
배얼룩재주나방
버들재주나방
벚나무재주나방
삼봉재주나방
세은무늬재주나방
애기린재주나방
애기재주나방
연갈색재주나방
옹이재주나방
은무늬재주나방
은재주나방
재주나방
점줄재주나방
주름재주나방
줄재주나방
참나무재주나방
큰은무늬재주나방
팔자머리재주나방
푸른곱추재주나방
회색재주나방
흰그물재주나방
흰무늬재주나방

제비나방과
제비나방

집나방과
배추좀나방

창나방과
그물무늬창나방
깜둥이창나방
점무늬큰창나방
창나방

창날개뿔나방과
세미창날개뿔나방
흰더듬이뿔나방

털날개나방과
쑥부쟁이털날개나방
파털날개나방
포도털날개나방

판날개뿔나방과
반노랑판날개뿔나방

포충나방과
들명나방아과 무리
각시뾰족들명나방
갈대노랑들명나방
검정각시들명나방
구름무늬들명나방
금빛세줄들명나방
깃노랑들명나방

꽃날개들명나방
끝무늬들명나방
날개검은들명나방
네눈들명나방
네줄들명나방
노랑띠들명나방
노랑무늬들명나방
노랑애기들명나방
닥나무들명나방
뒤흰들명나방
들깨잎말이명나방
띠무늬들명나방
말굽무늬들명나방
목화명나방
목화바둑명나방
몸노랑들명나방
복숭아명나방
뽀족노랑들명나방
선비들명나방
세점노랑들명나방
세줄꼬마들명나방
세줄콩들명나방
알락흰들명나방
앞노랑무늬들명나방
앞붉은들명나방
애기무늬들명나방
애기흰들명나방
얼룩애기들명나방
여덟무늬들명나방

연보라들명나방
외줄들명나방
울릉노랑들명나방
장미색들명나방
점알락들명나방
조명나방
줄검은들명나방
줄붉은들명나방
진도들명나방
콩명나방
콩잎말이명나방
콩줄기명나방
콩팥무늬들명나방
큰각시들명나방
큰노랑들명나방
큰섬들명나방
큰점노랑들명나방
포도들명나방
혹명나방
회양목명나방
흰무늬노랑들명나방
흰얼룩들명나방

물명나방 무리
네점노랑물명나방
뒷무늬노랑물명나방
흰물결물명나방

포충나방 무리
쌍무늬포충나방
얼룩포충나방
은빛포충나방
줄은빛포충나방

혹나방 무리
사과혹나방
앞검은혹나방
회색혹나방
흰혹나방

총채다리꼭지나방*
국명으로 과 이름이 정해지지 않았음.

● 나비 종류 ●

네발나비과
굵은줄나비
네발나비
부처나비
왕오색나비
작은멋쟁이나비
제이줄나비
청띠신선나비
큰멋쟁이나비
홍점알락나비

부전나비과
남방부전나비

벚나무까마귀부전나비
부전나비

제비나비붙이과
두줄제비나비붙이

팔랑나비과
왕자팔랑나비
왕팔랑나비

호랑나비과
긴꼬리제비나비
꼬리명주나비
모시나비
사향제비나비
산호랑나비
제비나비
호랑나비

흰나비과
배추흰나비
큰줄흰나비

참고한 자료

책

김성수 · 서영호, 《한국나비생태도감》, 사계절, 2011

김성수, 《나비, 나비》, 교학사, 2003

김용식, 《원색 한국나비도감》, 교학사, 2002

백문기, 《한국 밤 곤충 도감》, 자연과생태, 2012

백문기, 《화살표 곤충 도감》, 자연과생태, 2016

손재천, 《주머니 속 애벌레 도감》, 황소걸음, 2006

신유항, 《원색 한국나방도감》, 아카데미서적, 2007

이강운, 《캐터필러 1》, 도서출판 홀로세, 2016

허운홍, 《나방 애벌레 도감 1》, 자연과생태, 2012

허운홍, 《나방 애벌레 도감 2》, 자연과생태, 2016

사이트

곤충나라 식물나라 https://cafe.naver.com/lovessym

국가생물종정보시스템 http://www.nature.go.kr/

한반도생물자원포털 https://species.nibr.go.kr/